KB096866

글로벌 트렌드 2023

Trends

일상과 이상을 이어주는 책

일상이상

불황을 이겨내는 부의 트렌드

글로벌 트렌드 2023

ⓒ 2022, 네오넷코리아

초판 1쇄 찍은날 · 2022년 11월 21일
초판 1쇄 펴낸날 · 2022년 11월 28일
펴낸이 · 김종필 | **펴낸곳** · 일상과 이상 | 출판등록 · 제300-2009-112호
주소 · 경기도 고양시 일산서구 킨텍스로 456 108-904
전화 · 070-7787-7931 | 팩스 · 031-911-7931
이메일 · fkafka98@gmail.com

ISBN 978-89-98453-92-3   03320

• 책값은 표지 뒤쪽에 있습니다.
• 파본은 구입하신 서점에서 교환해 드립니다.

GLOBAL TREND 2023

글로벌 트렌드 2023

불황을 이겨내는 부의 트렌드

〈트렌즈Trends〉지 특별취재팀 지음

권춘오 옮김

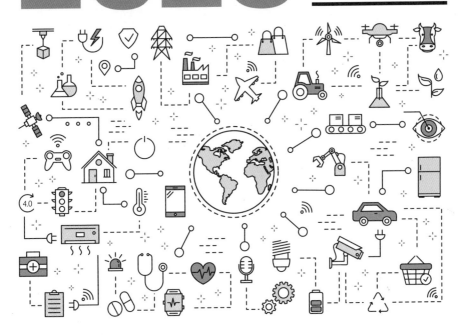

일상이상

1년은 물론 10년 후까지 내다보는
사업계획서를 작성하고 싶다면

10년 전, 일상과 이상 출판사를 통해 '10년 후 시리즈'를 매년 발간해 왔다. 이 '10년 후 시리즈'는 각 산업별, 기술별 핵심main 혹은 뜨고 있는rising 트렌드를 소개하고 10년 후를 전망했다. '10년 후 시리즈'는 전 세계 2만여 명의 전문가들이 참여한 미래학 연구지인 〈트렌즈Trends〉 지에 실린 기사 중 국내 독자에게 유용한 것들을 엮어 만든 책이다. 〈트렌즈〉 지는 매월 6~8개의 사회·경제·신기술 관련 기사를 각 분야의 전문가들이 각자의 의견과 자료를 공유해 출간하는 '집단지성을 활용한 지식보고서'이다. 세계 최고의 미래학 연구기관인 세계미래학회와 〈더 퓨처리스트The Futurist〉 지에서 활동하고 있는 이들이 함께 만든 세계적인 미래학 전문지이다.

〈트렌즈〉 지의 콘텐츠는 '10년 후 시리즈'로 출간되어 많은 독자의 사랑을 받았다. 첫 책 『10년 후 부의 미래』는 출간되자마자 예스24 등 주요서점에서 종합 베스트셀러에 올랐고, 전경련과 국방부 진중문고 등 여러 단체의 추천 도서로 선정된 바 있다. 그 다음으로 출간된 『10년 후 일의 미래』와 『10년 후 시장의 미래』 역시 경제경영 베스트셀러가 되었고, 한국독서경영연구원의 추천도서로 선정되었다.

그리고 이번에 일상과 이상 출판사와 〈트렌즈〉 지의 콘텐츠를 다시 책으로 펴내기 위해 이야기를 나누었다. 10년을 내다보는 전망도 좋지만, 빠르게 변화하고 있는 오늘날의 세계에서는 최신 주요 트렌드들을 촘촘하게 소개하고, 그 전망을 매년 제시하는 것이 좋겠다는 것으로 의견이 모아졌다. 지금 여러분이 읽고 있는 이 책이 바로, 〈트렌즈〉 지의 콘텐츠를 새롭게 펴내는 '트렌드 시리즈'의 첫 책이다.

눈과 귀, 온몸으로 이미 알고 있듯이, 지금 세계는 빠르게 변화하고 있다. 냉전 이후 글로벌 세상을 만든 세계화는 얼마 전부터 지구촌 곳곳에서 삐걱거리기 시작했다. 지구촌 세계에서 헤게모니를 차지하기 위해 강대국들의 이해관계가 정면으로 충돌했다. 헤게모니란 패권覇權이다. 패권은 통상적인 의미로 한 집단이나 국가·문화가 다른 집단이나 국가·문화를 경제력과 무력을 통해 지배하는 것을 이르는 말이다. 현재 미국과 중국이 이 패권 전쟁을 벌이고 있다.

또한 예상치 못한 코로나 팬데믹이 발생했고, 앞으로도 또 다른 팬데믹이 계속 등장할 것으로 전망된다. 이번 팬데믹으로 세계 공급망 사태도 불거졌으므로, 지금의 세계화로는 세계 경제가 지속성장하기 힘들다는 것을 현실적으로 보여주었다. 즉, 세계화는 허물어지고, 세상은 변화하고 있다. 그렇다면 우리는 무엇을 해야 할까?

우리는 세상을 새롭게 바꾸는 글로벌 트렌드를 빠르게 인지하여 그에 대한 준비를 해야 할 것이다. 거대한 변화 속에서도 정보통신IT, 나노 테크, 투자, 소비자 전략, 인구학, 생태학, 에너지, 헬스케어 등 다양한 분야에서 주목해야 할 트렌드들이 매년 새로 생기고 있다. 이 트렌드들은 탈세계화의 시대에서 세계가 움직이는 조류를 파악하는 데 필수적인 것들이다. 이러한 조류를 알아야 현재와 미래를 어느 정도 내다볼 수 있다. '나는 자연인이다'처럼 살 것이 아니라면 개인이든, 조직이든, 국가든 모두 마찬가지다.

이번에 펴낸 '트렌드 시리즈'는 우크라이나 전쟁과 공급망 사태, 인플레이션 감축법 등에 따른 세계의 변화부터 '상당한 진전을 이루고 있는' 알츠하이머 연구, 산업 생태계에 대혁명을 일으킬 합성생물학, 산업계의 화두인 자동화, 양자컴퓨터, 전기자동차, 서비스 로봇, 4D 프린팅, 플라잉 카, 바이오필릭, Z세대 등에 이르기까지 다채로운 트렌드들을 소개했다. 이 트렌드들은 〈트렌즈〉 지에도 소개된 바 있는데, 지금 백악관과 CIA, 구글과 애플, 테슬라, 알리바바, 소프트뱅크 등은 〈트렌즈〉 지를 일독하고 있다. 앞서 말했듯이 '집단지성의 지식보고서'인 〈트렌즈〉 지는 현재 세계 곳곳의 산업 현장과 연구실 등에서 벌어지는 일들을 소개하므로 새로운 먹거리를 모색하는 데 유용하기 때문이다. 따라서 이 책은 새로운 한 해를 계획하려는 기업, 고급정보를 원하는 개인에게 매우 필요한 정보를 제공할 것이다.

전 세계 100여 개국의 기획자와 마케터, 경영자들이 사업계획서와 시장조사 보고서 등을 작성하기 위해 필독하고 있는 〈트렌즈〉의 최신 정보를 담은 이 책과 함께, 행복한 새해를 설계하기 바란다.

2023년 새해를 앞두고,
〈트렌즈〉 지 한국어판 발행인 권춘오

≡ 차례

머리말_ 1년은 물론 10년 후까지 내다보는 사업계획서를 작성하고 싶다면 _04

| 제1부 | **세계 경제**

- 에너지 위기, 에너지 빈곤층이 늘어난다 _13
- 공급망 붕괴, 블록 경제를 강화한다 _25
- 인플레이션 감축법, 누가 울고 누가 웃을까? _37
- 뉴디펜스, 우크라이나 전쟁 이후 강화된다 _45
- 중국, 성장 대신 안정을 택한다 _56
- 반도체 부족 사태, 어떻게 대응해야 할까? _64
- 빅 테크 기업, 독점적 지위를 누리지 못한다 _76
- 중국의 에너지 위기, 경제성장의 발목을 잡는다 _87
- 글로벌 인재영입, 세계는 지금 인재영입 전쟁 중 _94

| 제2부 | **신성장 산업**

- 인공지능, 신제품 개발을 앞당기고 비즈니스에도 이용된다 _105
- 서비스 로봇, 집안일도 하고 간호도 한다 _119
- 양자컴퓨터, 8,500억 달러 규모의 시장을 선점하라 _132
- 초정밀 GPS, 로봇 혁명을 일으킨다 _140
- 스타링크, 광대역 인터넷 시대가 열린다 _147

- 블록체인, 금융 혁명을 일으킨다_156
- 4D 프린팅, 제조업의 패러다임을 바꾼다_167
- 그래핀, 부의 신소재가 다가온다_174
- 전기자동차, 보다 개선된 자동차가 등장한다_182
- 플라잉 카, 상용화가 시작된다_195
- 합성생물학, 의료·식품·화장품 산업의 블루칩_208
- 3D 바이오 프린팅, 장기와 조직을 만든다 _217
- 슈퍼 항생제, 곤충에서 답을 찾다_225
- 알츠하이머, 2030년까지 완전 극복된다 _234
- 스마트 약품, 인간을 더 똑똑하게 만들까?_248

| 제 3 부 | **일과 생활**

- 디지털 솔루션, 위기에 빠진 기업을 구한다_261
- 사무자동화, RPA가 업무 효율성을 높인다_272
- 바이오필릭, 자연친화적 업무환경이 유행한다_280
- 인성 교육, 스펙보다 인성이 중요하다_290
- Z세대, 일터에 등장하는 그들과 어떻게 일해야 할까?_300
- 고령화, 피할 수 없지만 과학기술로 해결된다_310

제1부

세계 경제

에너지 위기,
에너지 빈곤층이 늘어난다

우크라이나 전쟁과 러시아 제재로 인해 전 세계가 에너지 위기로 고통받고 있다. 바이든 대통령은 사우디아라비아에 원유 증산을 간청하는 모습까지 보여야 했다. 그럼에도 불구하고 바이든 행정부는 녹색 에너지 정책을 강력하게 추구하고 있다. 현재 지구촌을 위협하는 에너지 위기는 언제까지 지속될 것인가?

올해 블룸버그는 "조 바이든 대통령이 2035년까지 미국이 탄소 없는 전력망을 구축하고, 2050년까지 탄소 배출량을 0으로 만들겠다고 약속했다"고 보도했다. 이후 많은 민주당 의원들이 훨씬 더 적극적인 조치를 추진하고 있다.

그러나 우크라이나 전쟁으로 지구촌은 에너지 위기를 맞고 있다. 미국의 그린 뉴딜 정책은 에너지에 대해 자립할 수 없는 국가를 더 약하게 만들고, 이들이 선택할 수 있는 여러 다양한 옵션까지 박탈한다. 서구 세계는 기후변화로 그린 에너지 정책을 추진하고 있지만 러시아의 자원에 크게 의존해 왔다. 푸틴은 자원을 수출해 벌어들인 돈으로 야만적인 전쟁을 벌이고 있다.

우크라이나 전쟁과 러시아 제재로 에너지 가격이 고공행진하자 바이든 행정부는 미국의 인플레이션 문제를 완화하기 위해 "모든 수단을 동원하고 있다"고 천명했지만, 러시아의 우크라이나 침공 훨씬 이전에 미국 행정부가 석유의 가격 인상을 부추기는 정책을 조장했음이 드러났다. 미국 내 석유 생산을 규제했기 때문이다. 이러한 정책으로 인해 미국은 현재 2019년 팬데믹 직전보다 하루에 약 100만 배럴 적은 석유를 생산하고 있다. 미국은 에너지를 외국에 의존하지 않는 석유 순수출국임에도 불구하고, 서부 해안의 파이프라인 인프라가 부족해 러시아에서 하루 약 53만 배럴의 원유를 수입해 왔다. 2021년에 이르러 이 수입량은 하루 70만 배럴로 증가했고, 최근 우크라이나 침공에 대한 제재 조치로 수입이 중지되었다.

이로 인해 미국은 다른 석유 수입국과 마찬가지로 고통을 겪고 있는 중이다. 팬데믹 이전에도 유가를 인상시켜 인플레이션을 일으킬 우려가 있었는데, 우크라이나 전쟁으로 더 큰 인플레이션 압력이 발생한 것이다. 더 가관인 것은 인플레이션이 극에 달하고 여론조사 수치가 바닥을 치면서 바이든이 갑자기 사우디아라비아에 달려간

바이든은 사우디아라비아에 더 많은 석유를 생산해 달라고 필사적으로 간청했다.

것이다. 바이든은 미국 내 생산량을 늘리기보다 사우디아라비아에 더 많은 석유를 생산해 달라고 필사적으로 간청했다. 물론 그것도 원하는 대로 되지 않았다. 상황이 이러한데도 바이든 행정부는 재앙적인 에너지 정책의 기본 방향을 바꿀 기미를 보이지 않고 있다.

이번 에너지 위기는 단기적으로 끝날 수도 있다. 하지만 이번 위기로 '그린 에너지'에 대한 성급한 집착이 만들어낸 문제점을 보여주었다. 에너지 위기가 발생하면 필연적으로 국민들의 생활수준을 낮추고 세계 대부분의 사람들에게 빈곤을 안길 수 있다. 무엇보다 그린 에너지 정책은 기후변화를 막겠다는 애초의 목적과 달리 오히려 지구촌의 환경을 더 파괴할 수도 있다. 콜롬비아대학의 '탄소 사망 비용' 연구에 따르면 "그린 에너지 정책으로 전 세계에서 8,300만 명의 사람들이 사망에 이를 수도 있다."

환경론자들은 "석유, 가스, 석탄 대신 수십억 개의 태양 에너지 전지판과 백업 배터리와 결합된 백만 개의 풍력 터빈으로 대체하라" 고 요구한다. 그런데 그렇게 하려면 인류 역사상 유례가 없는 규모의 광물을 채굴해야 한다. 그러기 위해서는 또 막대한 양의 화석연료를 사용해야 한다. 또한 야생동물의 서식지를 없애고 대기 및 수질을 오염시키며, 인간의 건강과 안전에도 문제를 일으킨다. 더 큰 문제는 대부분의 채굴과 광석 처리 및 제조가 미국과 EU와는 거리가 먼 개발도상국에서 이루어질 것이라는 점이다. 정치인들과 환경론자들은 이들의 희생으로 만들어진 에너지를 '재생', '친환경' 에너지라고 주장할 것이 분명하다. 더군다나 현재의 정책으로는 이렇게 해서 얻은 친환경 에너지는 석유와 가스에 비해 에너지 생산 효율이 낮기 때문에 가격을 맞추기가 힘들다. 이로 인해 광범위한 에너지 빈곤 사태가 초래될 것이다.

오늘날 우리는 에어컨과 난방기 덕분에 극심한 더위와 추위를 견디며 생존하고 있다. 그러나 에너지 대란으로 석유와 천연가스, 석탄 및 전기 가격이 치솟고 인플레이션과 실업으로 고통받고 있다. 에너지 가격이 더 올라 난방 또는 냉방이 어려운 상황에 처해진다면 그린 에너지와 친환경이 무슨 의미가 있을까?

실제로 가장 덥고 가장 추운 낮과 밤에 냉방 또는 난방이 필수일 때, 바람은 터빈 블레이드를 돌리기에 부적절한 속도로 불고 태양은 태양 에너지 전지판에 부적절한 강도로 비춘다. 풍력과 태양 에너지로는 지구촌의 에너지 수요를 충족할 수 없고 정전을 초래할 수밖에 없다.

바이든 행정부가 제안하는 그린 뉴딜 정책은 에너지 비용을 훨씬 더 증가시키는 측면이 분명히 존재한다. 예를 들어 현재 미국에서 사용 중인 '천연가스 용광로, 온수기, 오븐 및 스토브'를 풍력 및 태양 에너지 시스템으로 구동되는 값비싼 열펌프 및 전기 제품으로 교체할 것을 요구하고 있다. 또한 전기 자동차용 충전소 설치, 가정전기 시스템 220볼트 업그레이드, 갈수록 심해지는 정전에 대비하기 위한 백업 전원용 배터리를 마련하도록 요구한다. 바이든 행정부는 알래스카 북극국립야생동물보호구역Arctic National Wildlife Refuge, ANWR에서 모든 가스 및 석유 생산을 중단시켰다. 주요 신규 송유관 설치도 취소하고, 석유 및 가스 시추의 자금 지원도 중단했다.

현재 러시아에 대한 제재가 시행되면서 휘발유 가격은 갤런당 5달러가 훨씬 넘고, 과도한 규제를 시행하고 있는 주에서는 갤런당 7달러를 넘어섰다. 전 세계가 코로나 팬데믹에서 빠져나오면서, 가스와 석탄에 대한 전 세계 수요가 급증했지만 영국과 유럽은 막대한 셰일가스 매장지에서 프랙킹fracking (지하 암반층 가스 추출)을 금지했고, 독일은 원자력 발전소를 폐쇄했으며, 러시아는 가스 공급 중단으로 서구를 위협하고 있다. 영국과 EU는 풍력 터빈으로 전기를 생산하지만,

풍력 발전

불리한 바람 조건으로 인해 예상된 용량보다 훨씬 적은 전력을 생산하고 있다. 이러한 에너지 부족으로 인해 사람들이 입는 직접적인 피해는 어떠할까?

일반적으로 더운 여름보다 추운 겨울에 사망하는 인구가 훨씬 많다. 미국과 캐나다에서는 추위로 인한 사망이 더위로 인한 사망보다 연간 45배 더 많다. 더위로 인한 사망자는 약 2,500명인 데 비해 추위로 인한 사망자는 113,000명이다. 전 세계에서 매년 약 1,700,000명이 추위로 사망한다.

영국의 유니버시티 칼리지 공중보건 연구소에 따르면, 에너지 빈곤은 특히 빈곤층, 노인, 소수민족 가정에서 심각하게 나타나고 수많은 질병과 건강 문제 및 사망을 초래한다. 이 연구소의 보고서에 따르면, 추운 집에서는 천식, 기관지염, 독감, 심혈관 질환 등이 더 심하게 발생한다. 기온이 낮으면 우울증과 불안장애 등 정신 건강 문제를 증가시켜 의학적 및 신체적 문제를 심화시킨다. 어린이와 노인을 비롯해 건강이 안 좋은 사람은 특히 저체온증과 질병에 취약하다. 이 연구소는 잉글랜드와 웨일스의 모든 '겨울철 초과 사망'의 10분의 1이 에너지 빈곤과 직접적으로 연관되고, 이 사망의 21%는 가장 추운 25%의 가정에서 발생하고 있음을 밝혔다. 이들은 1990년부터 2014년까지 매년 3~4만 명 사망했는데, 적절한 온도가 제공되었을 경우 사망에 이르지 않았을 것으로 추정한다.

이와 비슷한 연구가 미국에서도 진행되었고 같은 결론에 이르렀다. 미국에서도 겨울철에 연간 17만 명에서 21만 명이 적절한 난방을 제공받지 못해 사망하고 있다. 에너지 가격이 상승하면 빈곤층이 더 큰 피해를 입을 수 있는데, 독일에서는 2019년 34만 4천 가구가 전기세 미납으로 전기가 끊겼다. 영국에서는 2022년 세입자의 65%가 에너지 요금을 지불하는 데 어려움을 겪고 있고, 스코틀랜드의 25%는 에너지 빈곤에 시달리고 있으며, 2021년 말 기준으로 영국에서 40만 가구 이상이 가스 및 전기 요금을 지불하지 못해 얼어 죽을 판이다. 결국 겨울철 초과 사망자 수는 2022년에 새로운 기록을 세울 가능성이 높다.

에너지 비용 상승으로 경기 침체도 예상된다. 2021년 미국의 산업용 전기는 1kWh(킬로와트 아워)당 13센트였고, 연면적 65만 제곱 피트

2021년 2월 미국은 기록적인 한파로 550만 가구가 정전되고, 2억 명 이상이 한파에 시달렸다.

규모의 병원 건물은 전기 요금으로 연간 약 250만 달러를 지불했다. 영국의 경우 1kWh당 27센트인데, 동일 건물로 가정하면 연간 전기 요금을 520만 달러를 지불해야 하고, 독일의 경우 39센트이니, 750만 달러를 지불해야 한다.

　그렇다면 미국은 풍력과 태양 에너지 등 그린 에너지를 더 저렴한 비용으로 이용할 수 있을까? 불가능하다. 그린 에너지만 고집한다면 에너지 비용이 더 늘기 때문에 기업의 입장에서는 더 열악한 근무 환경을 제공하며 인력을 축소하고, 신규 채용을 중단할 수 있다. 당장 현재의 상황도 녹록치 않다. 실제로 6년 전만 해도 미국 가정의 3분의 1이 적절한 난방 및 냉방에 어려움을 겪었고, 미국 가정의 5분의 1이 에너지 비용을 지불하기 위해 식품, 의약품 및 기타 필수품을 줄이거나 포기해야 했다. 게다가 코로나 팬데믹 이전에도 저소득층, 흑인, 히스패닉 및 아메리카 원주민 가정은 이미 평균 가구보다 소득의 더 큰 비중을 에너지 비용으로 지출하고 있었다.

결론은 무엇인가? 바이든 행정부는 공평, 평등, 소위 '기후 정의'라는 명목으로 그린 에너지 정책을 추진했는데, 그 결과 일자리 파괴, 에너지 빈곤, 질병 및 사망이 이어지고 있다. 성급하게 정책을 추진하기보다는 녹색 에너지 정책이 경제, 일자리, 가정, 건강 및 웰빙에 미치는 영향을 신중하게 고려한 후 단계적으로 적용해야 한다. 이러한 추세를 감안해 우리는 다음과 같은 예측을 내려 본다.

첫째, 그린 에너지 정책이 2022년 중간선거에서 민주당에 악재로 작용할 수 있다. 라스무센 레포츠Rasmussen Reports가 2022년 3월에 실시한 설문조사에 따르면, 미국 유권자의 60%는 2022년 선거에서 에너지 정책을 매우 중요한 것으로 인지하고 있다. 미국 유권자의 70%는 미국 정부가 석유 및 가스의 해외 의존도를 낮추기 위해 석유 및 가스 생산을 늘려야 한다고 생각한다. 바이든 행정부의 에너지 정책이 트럼프 행정부의 에너지 정책보다 낮다고 생각하는 유권자는 33%에 불과하다. 더 중요한 것은 공화당을 지지하는 유권자 중 87%, 민주당을 지지하는 유권자 중 55%, 어느 주요 정당도 지지하지 않는 유권자의 70% 등 대다수가 미국 정부가 석유 및 가스 생산을 증가시켜 해외 석유 공급원에 대한 미국의 의존도를 낮춰야 한다고 보고 있다. 게다가 모든 인종의 대다수(백인의 74%, 흑인 유권자의 55%, 기타 소수 민족의 67%)는 미국 정부가 석유 및 가스의 해외 의존도를 낮추기 위해 석유 및 가스 생산 증가를 장려해야 한다고 보고 있다.

둘째, 미국 내 다수의 유권자들이 기후변화에 대한 대응에 '과도한 비용이 투입되는' 것을 알게 되면, 심한 거부감을 느낄 것이다. 지금까지 기후변화 대응을 위한 비용에 대해 일반인들은 크게 인식하지 못했다. 더 정확하게 말하자면, 정부나 기업이 모든 비용을 부담하기 때문에 자신들은 비용을 부

알래스카의 송유관

담하지 않는다고 생각했다. 사람들은 지구온난화의 문제를 심각하게 받아들이지만 기후변화 완화를 위해 기꺼이 돈을 지불할 의사는 그렇게 많지 않다. AP 통신과 시카고대학 에너지 정책 연구소의 2021년 말 조사에 따르면, 미국인의 75%가 기후변화에 대비해야 한다고 답변했지만 지구온난화를 방지하기 위해 개개인이 추가 에너지 비용을 지불할 것인지를 묻는 질문에는 응답을 주저했다. 이 조사에 따르면, 월 1달러를 추가로 지불하는 것에 어느 정도 또는 전적으로 지지하겠다고 답한 비율은 52%였다. 이 조사는 우크라이나 전쟁 전에 실시했는데, 우크라이나 전쟁 이후 전 세계 에너지 가격이 고공행진을 펼치고 있는 점을 감안한다면 실제로는 에너지 비용에 부담을 느끼는 사람이 더 많을 것이다. 전쟁이 지속되고 에너지 가격이 하락하지 않는다면 에너지 빈곤 문제가 기후변화 문제보다 더 큰 문제로 불거질 것이다.

　셋째, 그럼에도 불구하고 바이든 대통령과 민주당은 환경문제로부터 발을 뺄 수 없을 것이다. 환경문제는 폭발적인 잠재력을 갖고 있으며, 미국 선거에 큰 영향을 미치는 핵심 요소이다. 민주당 지지층이 많은 지역의 민주당 의원들은 바이든 대통령에게 '기후 비상사태'를 선언할 것을 요구하고 있다. 이것은 해당 지역의 의원들에게는 선거에 유리하겠지만, 전체 선거구를 고려하면 민주당에 유리하지 않을 수 있다. 이 문제는 바이든과 민주당에게 양날의 검과 같은 것이다.

공급망 붕괴,
블록 경제를 강화한다

코로나19로 전 세계 공급망이 붕괴되었는데, 전 세계는 현재의 공급망에 대해 불신하며 그 대안을 마련해야겠다고 인식하게 되었다. 또한 이러한 인식이 행동으로 옮겨지면서 전 세계의 산업에 큰 변화가 생기고 있다.

21세기 초에 캘리포니아 롱비치와 LA항은 미국으로 향하는 모든 컨테이너 화물의 40% 이상을 처리했으며, 코로나19 전까지만 해도 세계화의 힘을 느끼게 한 곳이다. 그러나 이제는 화물선들이 컨테이너를 선적하지 못한 채 길게 줄을 섰고, 때로는 이 대기 기간이 3주를 넘기고 있다. 팬데믹 이후 컨테이너당 선적 비용은 10배까지 상승했다. 설상가상으로 이 해운 위기는 2023년까지 지속될 수 있다.

LA항

　현재 전 세계가 팬데믹을 극복하기 위해 노력하고 있지만 부품 및 노동력 부족과 운송 대란으로 인플레이션이 급증하고 있다. 일부 노선에서는 운송료가 두 배로 뛰었다. 천연가스 등 에너지 대란과도 겹쳐 생산 및 운송에 더 오랜 시간이 소요되자, 거의 모든 제품의 가격이 치솟았다. 이러한 높은 인플레이션은 OECD 국가의 임금 상승을 억제하고, 중산층과 서민에게 위협적인 피해를 안기고 있다.

　특히 이 공급망 붕괴는 그동안 중국에 의존해 온 데서 파생된 문제를 고스란히 드러나게 했다. 오늘날 의료 장비에서 자동차 제조, 식품에 이르기까지 서구 선진국은 완제품과 핵심 부품 생산을 중국에 거의 모두 의존하고 있다. 따라서 중국이 이러한 품목을 공급하지 않을 경우 전체 산업에서 심각한 공급망 부족을 겪게 되는 것이다. 결과적으로 합리적이고 자율적인 시장 시스템이 망가지면서, '신자유주의 질서'의 종말까지 예고하고 있다.

중국이 세계 경제에 편입되면서 서구 선진국들은 생산 비용을 줄이고자 중국으로 생산시설을 이전했다. 그로 인해 특히 미국에 치명적인 영향을 끼쳤는데, 2004년부터 2017년까지 세계 제조업에서 미국이 차지하는 비중은 15%에서 10%로 극감했고, 중국산에 대한 의존도는 두 배 이상 증가했다. 대중무역 적자로 인해 2000년 이후 미국에서 370만 개의 일자리가 사라졌다. 세계 최초로 산업혁명을 주도했던 영국은 기후변화에 대비한 친환경 정책을 펼치고 있는데, 이 국가의 중공업은 거의 사라지게 되었다. 영국에서는 1997년부터 2009년까지 제조업에서 150만 개의 일자리가 사라졌다.

이 지경에 이르렀는데도 오바마 행정부에서 경제자문위원을 지냈던 크리스티나 D. 로머Christina D. Romer는 다음과 같이 말했다.

"미국 제조업의 위기는 심각하지 않다. 미국 소비자들은 세탁기와 헤어드라이어 못지않게 헬스케어와 미용을 소중하게 생각한다."

그러나 지역성에 기반하는 미용실과 달리 세탁기 등의 제품들은 다른 지역 또는 다른 나라에서 운송되어야 한다. 세탁기 부품을 만드는 공장이 있으면 그 도시의 지역경제 활동을 늘린다. 더욱이 제조업 일자리 하나는 그 지역에서 직간접적인 일자리를 여러 개 만들수도 있다.

크리스티나 D. 로머Christina D. Romer는 "미국 제조업의 위기는 심각하지 않다"고 말했다.

    미국 제조업에 위기가 닥쳤다는 위기설이 2020년 2/4분기부터 등장했지만 그에 대해 심각하게 고민하는 사람은 그리 많지 않았다. 팬데믹이 정점에 달할 때 유럽연합, 영국, 북미 등 선진국조차도 필수적 치료에 필요한 기초 의료 장비와 주요 약품을 보유하지 못하고 있음을 깨닫게 되었다. 팬데믹이 처음 대유행한 수개월 동안, 중국 정부는 의료 장비와 약품의 수출을 차단하기로 결정해서 전 세계에 광범위한 부족 사태를 일으켰다. 그리고 중국이 자신들의 정치적 목적을 위해 전 세계의 중국 의존도를 적극적으로 활용할 수 있다는 우려가 고개를 들기 시작했다.

    2021년에는 대만에서 발생한 전 세계적인 반도체 부족 사태로 자동차 생산이 축소되었다. 미국의 그린 에너지 정책은 중국의 태양광 패널 산업과 전기자동차 배터리 산업의 지배력을 더욱 강화시켰고, 미국 내에서 전기자동차와 청정에너지를 생산하는 데 필요한 필수 부품이 부족해지는 사태를 일으켰다. 서구 선진국의 무역적자는 이제 첨단 기술 제품에서도 확대되었다.

다행히 팬데믹 위기로 인해 정부와 기업은 이러한 '공급망 붕괴'를 간과해서는 안 된다고 인식하게 되었다. 미국의 바이든 행정부는 미국 내에 반도체와 전기자동차 등 제조업의 생산자 네트워크를 복원하기로 했다. 미국 내에서 생산하지 않는 제품들에 규제를 가하기로 했다. 마찬가지로 일본, 프랑스, 영국, 유럽연합은 제조업을 중국에 의존하면 정치적, 경제적 위험을 수반한다는 사실을 인식하게 되었다. 일본은 이미 자국 기업을 중국으로부터 돌아오도록 유인하기 위한 특별 대출 혜택을 제공하고 있다. 기업계에서도 변화의 조짐이 나타나고 있다. 맥킨지 앤 컴퍼니는 2021년 경영자들을 대상으로 공급망에 관해 조사를 진행한 결과, 거의 모든 응답자들이 자신들의 공급망이 너무 취약하다고 인식하는 것으로 나타났다.

2020년 3월 토머스 인더스트리얼 서베이에 따르면 팬데믹으로 불거진 공급망 부족 사태로 각국의 자체 조달 및 서비스에 대한 수요가 증가했음을 알 수 있다. 조사에 참여한 기업의 최대 70%가 앞으로 수년 동안 자체 조달 및 서비스에 재투자할 '가능성이 높다' 혹은 '매우 가능성이 높다'고 응답했다. 또 UBS의 연구에 따르면 현재 중국에 생산시설을 두고 있는 서구 선진국 기업의 50~60%가 이미 본국으로 이전했거나 이전할 계획이 있는 것으로 나타났다.

이처럼 서구 선진국들은 리쇼어링Reshoring 전략을 펼치고 있는데, 일례로 블랙 앤 덱커Black and Decker는 텍사스 포트워스의 새로운 생산시설로 이전했다. 또 가전업체 월풀Whirlpool은 400개의 일자리를 미국 내에 다시 마련했고, 제너럴 일렉트릭, 애플, 캐터필라, 굿이어, 제너럴 모터스, 폴라리스 역시 생산시설을 리쇼어링하고 있다.

미국의 장난감 제조업체 리틀 타익스Little Tikes는 생산시설을 중국에서 오하이오로 이전하기 시작했다. 40여 년 전에 사업을 시작할 때는 모든 것을 미국에서 만들었지만, 1980년대부터 1990년대까지 대부분의 생산시설을 중국으로 이전했다. 리틀 타익스의 부사장이자 전 세계 총괄 매니저 토머스 리치몬드는 이제 "바퀴가 완전히 원을 그렸다"고 말한다. 다시 원점으로 돌아왔다는 의미다.

「미국의 총산업고용」 보고서에 따르면 10년 만에 처음으로 2019년에 미국으로 수입되는 제조업 제품의 비율이 감소했다. 미국에 이어 동아시아의 선진국들인 일본, 싱가포르, 한국은 중국 제품의 수입을 줄일 것으로 예상된다.

시진핑의 집권 아래 중국은 서구 자본주의 국가와는 완전히 다른 방식으로 작동하는 경제를 육성했다. 서구에서는 이윤과 부의 축적이 경제 발전을 이끈다. 중국 인민 역시 부자가 되고 싶어 하지만 중국 공산딩의 주요 목표는 중국의 글로벌 파워와 영향력을 강화하는 것이다. 중국에서는 기업가가 정부의 권위에 반하는 행동을 할 경

미국의 장난감 제조업체 리틀 타익스Little Tikes는 생산시설을 중국에서 오하이오로 이전하기 시작했다.

우 이를 제지하고 심지어는 투옥까지 한다. 그리고 각종 소셜 미디어를 정치적 도구로 활용하고 있는데, 예를 들어 틱톡과 같은 대중적인 소셜 미디어를 중국의 우위를 홍보하는 데 사용하고 있다.

중국은 전통적인 제조업뿐 아니라 미래 먹거리인 인공지능, 생명공학, 우주비행 등의 분야도 선점하고자 한다. 이 과정에서 중국은 기술 도용 혹은 지적 재산권 침해를 일삼았다. 자본주의 경제를 뒷받침하는 기본 원칙과 규칙을 중국은 무시했다. 또한 권위주의적 태도를 자신들과 교역하는 개발도상국에 취하고 있다. 현재 세계 반도체 생산 기술의 선두주자인 대만을 군사적으로 위협하는 것이 그 대표적인 예다. 대만이 중국의 공격 혹은 봉쇄 대상이 된 것은 어제 오

대만의 세계 최대 반도체 제조기업 TSMC는 미국의 애리조나에 120억 달러 규모의 새로운 생산 시설을 건설하고 있다.

늘의 일이 아니지만 최근 들어 중국은 보다 더 노골적으로 대만을 위협하고 있다. 대만의 세계 최대 반도체 제조기업이 미국의 애리조나에 120억 달러 규모의 새로운 생산시설을 건설하고 있는 것은 이러한 위협에 대한 사전 대처의 성격이 짙다.

결론은 무엇인가? 현재 서구 선진국의 노동력, 에너지, 반도체 부족 사태는 중국에 생산이 집중되어 발생한 공급망 붕괴 사태로 불거진 것이다. 이로 인해 세계 경제가 팬데믹 이후 회복하려는 움직임을 가로막고 있는데, 서구 선진국과 동아시아의 선진국들은 이에 대한 대안을 마련하기 시작했다. 이러한 추세를 감안하여, 다음과 같은 예측을 내려 본다.

첫째, 팬데믹 이후 전 세계 공급망 위기에 충격을 받은 미국은 '국가 일반 필수 산업'을 활성화하기 위한 인센티브를 적극적으로 마련할 것이다. 미국은 제2차 세계대전과 냉전 기간 동안 산업 성장을 촉진하기 위해 다각적인 노력을 기울였고 괄목할 만한 성과를 거둔 바 있다. 미국의 '국가 일반 필수 산업' 활성화는 이러한 경험을 기반으로 할 것이다.

바이든 행정부는 미국 내 반도체와 철강 산업을 활성화하기 위해 트럼프 시대에 추진했던 자국우선주의 정책을 그대로 추구하고 있다. 바이든 행정부는 미국의 산업 경쟁력을 강화하기 위해 R&D를 비롯해 직업학교와 커뮤니티 칼리지는 물론 4년제 대학에 3,000억 달러를 투자하기로 했다. 또 리쇼어링하는 기업에 세금과 보조금 혜택을 주고, 민관 파트너십을 활용해 기업이 국가 비상 상황에서 중요한 공급품을 생산할 수 있는 능력을 유지하도록 장려하고 있다. 따라서 리쇼어링 트렌드는 확산될 것이다.

둘째, 미국이 '국가 일반 필수 산업'을 활성화하려면 '미국을 다시 위대하게' 의제와 '그린 뉴딜' 모두에 부합할 만한 정책이 필요할 것이다. 리쇼어링을 위해서는 관세와 제한 조치뿐만 아니라 산업 투자, 대출 및 대출 보증, 보조금 지급, 민관 파트너십, 지원 교육, 물리적 인프라를 지원하는 세금 정책을 포함한 인센티브도 제공해야 한다. 또한 중국 이외의 지역에서 주요 희토

류의 공급을 촉진하기 위한 조치도 필요하다.

그런데 기업과 소비자들이 중국으로부터 벗어나려면 향후 20년 동안 물가가 오르고 자본 투자비용이 최대 1조 달러 소모될 수도 있다. 그러나 리쇼어링을 하면 미국과 유럽연합이 배출하는 온실가스를 합친 것보다 많은 양을 배출하는 중국은 더 이상 지구온난화의 주범이 되지 않을 수도 있다. 한 연구에 따르면, 현재 중국 25개 대도시 중 온실 가스 배출 기준을 초과하는 도시는 23개에 이르고 있다.

셋째, 중국은 과거처럼 높은 경제성장률을 보이지 못하고, 세계 경제에서 중국의 위상이 낮아질 것이다. 현재 중국에는 금융위기의 먹구름이 드리우고 있다. 지나치다 싶을 정도로 고층 빌딩과 아파트를 많이 짓느라 막대한 규모의 은행 대출을 받았고, 이미 부동산 경기 침체로 어려움을 겪고 있다. 게다가 저출산 등으로 2050년까지 중국에서 2억 명 이상의 노동력이 감소하고, 계급 및 계층 간의 갈등 또한 커지고 있으므로 사회적 문제를 일으키고 있다. 그럼에도 불구하고 중국 공산당은 통제를 일삼으니, 중국의 미래는 그리 밝지 않다.

넷째, 미국, 일본, 한국, 대만, 인도 사이에 블록 경제bloc economy가 강화될 것이다. 블록 경제는 여러 국가에 의해 형성된 블록(경제권)을 말하는 것으로, 자신들이 형성한 블록 외의 국가들에 대해 경제적인 차별을 하는 것이다. 현재 미국은 영국, 호주와 새로운 방위조약을 체결하고 일본, 한국, 대만, 인

현재 미국은 영국, 호주와 새로운 방위조약을 체결하고 일본, 한국, 대만, 인도와 외교 및 경제 협력을 강화하고 있다.

도와 외교 및 경제 협력을 강화하고 있다. 미국은 우방국 외의 국가들에는 규제를 가하고, 앞으로 10년 이상 블록 경제를 강화할 것이다.

다섯째, 리쇼어링과 블록 경제 외에도 다음과 같은 트렌드가 확산될 것이다.

1. 세계화에 대한 경각심으로 자국우선주의 확산

세계화로 상호의존성이 커진 가운데 금융위기 등이 발생하게 되었다. 공급망 위기 역시 세계화로 비롯되었는데, 자국우선주의가 확산될 것이다.

2. 인공지능과 로봇이 노동생산성 증대

20세기까지만 해도 글로벌 공급망은 선진국들에게 유리했다. 저렴한 인건비와 원자재와의 근접성, 규모의 경제, 약한 규제가 엄청난 경제적 이점을 창출했기 때문이다. 그러나 2020년대에 이르러, 인공지능과 로봇공학이 선진국의 노동생산성을 증대할 것이다.

3. 직업 교육 활성화

지난 30년간 대학 교육은 모든 사람들이 4년제 학위를 가질 필요가 없다는 교훈을 남겼다. 대학 교육을 하느라 학자금 대출을 받아서 과도한 빚을 지게 되었는데, 경기 침체로 대학을 졸업하고도 취업난에 시달리느라 바리스타와 고학력 아르바이트는 넘치고, 트럭 운전, 하드웨어 기술, 중장비 조작 등에서는 인력난이 발생했다. 따라서 대학 교육 대신 실질적으로 취업에 도움이 되는 직업 교육이 활성화될 것이다.

인플레이션 감축법,
누가 울고 누가 웃을까?

지금 세계는 서서히 팬데믹에서 벗어나려 하고 있는데, 인플레이션이 발목을 잡고 있다. 이러한 상황에서 미국은 인플레이션 감축법 Inflation Reduction Act을 만들었다. 인플레이션 감축법으로 누가 웃고 울게 될 것인가?

코로나19와 우크라이나 전쟁으로 세계 공급망에 차질이 생기면서 전 세계적인 인플레이션이 발생하고 있다. 이러한 상황에서 미국은 자국의 이익을 우선하는 자국우선주의를 택하고 있는데, 미국이 궁극적으로 추구하는 경제 정책은 '모든 회복의 어머니the Mother OF All Recoveries, MOFAR다. 현재 미국의 성장을 가로막는 요인들을 제거하고 미국 경제를 회복하기 위해 MOFAR를 추구하고 있다.

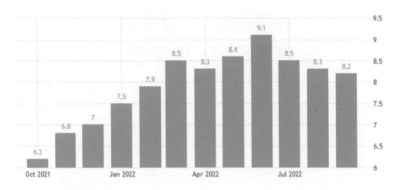

미국의 물가상승률 (단위: %)

그런데 인플레이션이 불안을 조성하고 있다. 코로나19 이후 미국의 물가상승률은 가파르게 상승했다.

코로나19 팬데믹을 극복하고자 공적 자금이 투입되면서, 제2차 세계대전 이후 미국 연방 지출은 가장 크게 증가했다. 지출이 늘어난 만큼 세수도 늘렸는데, 지출을 상쇄할 만큼 충분하지는 않았다. 그래서 미국 정부는 앞으로 닥칠 심각한 재정위기를 피하기 위해 대안을 모색했고, 그 결과 나온 것이 바로 인플레이션 감축법이다.

코로나19 팬데믹 이후 미국 경제는 제5차 디지털기술경제 혁명이 빨리 진행되었다. 다른 나라들은 경제적으로 힘들어했지만 미국은 디지털기술경제의 성장에 힘입어 선방할 수 있었다. 코로나19가 회복세로 전환되면서 미국은 '인적 자본에 대한 투자'와 '기업가 정신의 확대', '대기업부터 스타트업에 이르기까지 모든 규모의 기업에 기술 확산'을 이루어 고용 성장, 소비 증가, 생산성 성장의 선순환을 이

2022년 8월 16일, 조 바이든 미국 대통령은 인플레이션 감축법안에 서명했다.

루려 했는데, 인플레이션이 발목을 잡고 말았다. 그러자 이 문제를 해결하려고 미국은 인플레이션 감축법을 만들었다.

　이 법의 이름이 '인플레이션 감축법'인 이유는 에너지와 의약품 물가를 잡기 위해 만든 법이기 때문이다. 태양력과 풍력 등 신재생 에너지를 늘려 에너지 공급원을 다각화하면서 석유나 가스 등 기존 에너지의 물가를 잡겠다는 것이다. 하지만 노벨 경제학상 수상자인 버넌 스미스 등 미국 경제학자 230여 명은 인플레이션 감축법이 오히려 인플레이션을 부채질하고 미국 경제에 부담을 줄 것이라고 반대 의견을 표명했다.

　2022년 8월 7일, 인플레이션 감축법안이 미국 상원 의회를 통과하고, 8월 16일 조 바이든 미국 대통령이 이 법안에 서명함으로써 인플레이션 감축법이 발효되었다. 인플레이션 감축법에 따르면, 미국 정부는 글로벌기업에 15% 최저 법인세율을 적용해 세금을 늘려 7,400억 달러를 확보하고, 기후변화 대응과 의료보장 확대 등에 4,300억 달러를 지출할 것이다. 그중 3,690억 달러는 에너지 문제와 기후변화 대응에 투입될 것이고, 서민을 위한 처방약 가격 인하에는 640억 달러가 투입될 것이다. 또 이 법은 기후변화와 인플레이션에 대응하기 위해 전기차 보급을 늘리는 데 초점을 맞췄다. 이를 위해 2023년부터 전기차 중고차 구매자에게는 최대 4,000달러, 신차 구매자에게는 최대 7,500달러의 세액공제 혜택을 준다.

그런데 자국우선주의를 추구하는 미국은 인플레이션 감축법 조항에 2023년부터 전기차 배터리 소재 생산에 필요한 핵심 광물의 40% 이상을 미국이나 미국과 자유무역협정FTA을 체결한 국가에서 조달해야 한다고 명시했다. 이 비율은 해마다 10%씩 오르고, 2027년 이후에는 무려 80% 이상이 된다.

또 미국에서 제조하는 전기차를 구매해야 세액공제 혜택을 받을 수 있으므로, 현재 미국에서 전기차를 판매하는 현대자동차와 기아자동차는 생산시설을 미국으로 옮긴다고 발표했다. 현대자동차는 2022년 10월 25일 조지아 주에 전기차 전용 공장 건설을 착공해 2025년 완공할 예정이다. 그런데 현재 전기차 배터리 소재인 양극재와 음극재를 가장 많이 생산하는 나라는 중국이다. 전기차 산업은 반도체 산업 못지않게 큰 산업인데, 미국은 중국을 견제하려는 것이다. 이러한 추세를 고려해 우리는 다음과 같은 예측을 내려 본다.

첫째, 인플레이션 감축법으로 자동차 산업은 명암이 갈릴 것이다. 월스트리트저널에 따르면, "인플레이션 감축법에 전기차와 플러그인 하이브리드 차량 보급을 촉진하는 방안이 포함되면서 테슬라나 GM 등 미국 전기차 업체의 수혜가 예상된다." 이들 전기차 기업들에 대한 세금 공제가 확대되면 직접적인 혜택을 받을 것이다. 또 도요타, 현대기아자동차 등 미국 내에서 전기차를 생산하는 기업에도 호재가 될 것이다.

기존에는 미국에서 전기차를 구매하면 7,500달러의 세금 공제 혜택을 주었는데, 최대 20만 대까지만 혜택을 주었다. 하지만 앞으로는 차량 판매 대수

미국 조지아 주에 위치한 기아자동차 전기차 공장

LG에너지솔루션은 이미 GM과 합작법인 얼티엄셀즈를 설립하고 오하이오 주와 테네시 주에 배터리 생산시설을 마련했다.

와 상관없이 세금 공제 혜택을 누릴 수 있다. 다만, 인플레이션 감축법은 밴이나 SUV, 픽업트럭의 경우 8만 달러 미만인 차량, 세단과 쿠페의 경우 5만 5천 달러 미만인 차량에만 세금 공제 혜택을 준다. 따라서 고가보다는 중저가 전기차의 판매량이 늘 것이다. 고가 모델을 판매하는 업체에는 그늘이, 중저가 모델을 판매하는 업체에는 빛이 드리워질 것이다.

또 미국 내에서 생산되는 배터리를 사용하는 전기차에만 세금 공제 혜택을 주므로, 전기자 배터리 생산 업체들이 미국에서 생산시설을 늘릴 것이다. LG에너지솔루션은 이미 GM과 합작법인 얼티엄셀즈를 설립하고 오하이오 주와 테네시 주에 배터리 생산시설을 마련했는데, 이와는 별개로 2025년까지 5조 원 이상을 투사해 최소 2곳의 신규 생산시설을 미국에서 짓는다.

또 SK이노베이션은 포드와 합작법인 블루오벌에스케이를 설립하고 6조

SK이노베이션은 포드와 합작법인 블루오벌에스케이를 설립하고 6조 원을 투자해 배터리 생산시설을 건설 중이다.

원을 투자해 배터리 생산시설을 건설 중이다. SK이노베이션은 2023년에 미국 조지아 주에서 제1·2공장을 완공하는데, 미국에서만 21.5GWh 규모의 생산 능력을 갖추게 될 것이다. 이처럼 미국 현지에 생산시설을 늘리는 배터리 기업들도 혜택을 입을 것이다. 반면에 미국 내에 생산시설을 확보하지 못한 기업은 불이익을 당할 것이다.

　마지막으로 배터리 소재를 생산하는 기업은 원자재 확보에 사활을 걸어야 할 것이다. 현재 리튬, 니켈 등 배터리 소재 원자재는 중국에서 70% 이상 제련하고 있다. 중국산 광물과 소재에 의존하고 있는 한국 배터리업체들은 2023년부터 미국이나 미국과 자유무역협정FTA을 체결한 국가에서 배터리 소재 원자재를 조달해야 불이익을 당하지 않을 것이다. 이에 대비한 원자재

미국 조지아 주에 위치한 한화솔루션 태양광 공장

공급망을 확보해야 할 것이다.

둘째, 태양력과 풍력 등 신재생 에너지 분야도 혜택을 입을 것이다. 미국 에너지정보국EIA에 따르면, 인플레이션 감축법으로 세제 혜택이 2050년까지 연장되면 풍력 발전량은 2022년부터 2050년까지 23.8% 증가할 것이다. 또 태양광 발전량은 12.8% 증가할 것이다. 현재 풍력 발전 업종은 실적이 저조하지만 2023년부터 실적이 증가할 것이다. 한국 기업의 경우 한화솔루션은 인플레이션 감축법의 혜택을 입을 것이다. 한화솔루션은 이미 미국에서 1.7GW 규모의 태양광 모듈 공장을 보유하고 있다. 또 2023년에 1.4GW 규모의 공장을 추가로 가동할 예정이므로 한화솔루션의 전망은 밝다.

뉴디펜스,
우크라니아 전쟁 이후 강화된다

러시아가 우크라이나를 침공한 후 세계는 큰 깨달음을 얻고 있다. 소위 강대국이라는 러시아의 무력이 생각보다 취약하다는 것을 알게 되었다. 우크라이나 위기를 통해 변화하는 세상을 알아보자.

러시아는 왜 전쟁을 일으켰을까? 러시아의 앞날은 그리 밝지 않다. 인구가 감소하고 있으며, 고령화가 빠른 속도로 진행 중이다. 출산율 또한 낮다. 2020년 1인당 GDP는 미국의 경우 63,544달러, 러시아는 10,127달러로 추산되었다. 러시아 남성의 평균 기대 수명은 68세, 미국은 77세이다.

더 중요한 것은 세계 행복 지수 순위에서 러시아가 지속적으로 최하위권에 머물고 있다는 점이다. 2022년 러시아는 이 순위에서

80위를 기록했다. 부패에 관해서는 어떨까? 러시아는 부패 부문에서 136위를 기록해 거의 최하위 수준이다. 미국은 27위를 기록했다. 법치 부문에서도 러시아는 하위권에 맴돌고 있다. 법치 수준이 낮기 때문에 다국적 기업들도 러시아에 투자할 때 신중을 기할 수밖에 없다. 그렇다면 민주화 지수는 어떨까? 러시아는 126위, 역시 최하위권이다. 미국은 15위를 기록하고 있다.

러시아 경제는 광업과 에너지를 포함한 채굴 산업과 농업에 기반하고 있다. 그리고 지난 100년 이상 중앙집권식 계획경제를 유지했기에 서구 국가에 비해 효율적이지 못했다. 이로 인해 러시아의 고학력 인구는 자신들이 가진 지식과 기술로 경제활동을 하는 데 제약을 받을 수밖에 없다.

지리적 위치는 어떨까? 러시아는 자원대국이다. 하지만 지리적으로 오래전부터 불리한 위치에 있었다. 우선 광대한 천연자원이 일반적으로 자국 내 인구 중심지 혹은 글로벌 무역 파트너들로부터 멀리 떨어져 있다. 그리고 이러한 자원을 필요한 곳으로 옮기는 데 필요한 적절한 시설을 갖춘 항구가 부족하고, 강을 통해 이동시키기에도 불리한 지형이다. 러시아는 어마어마한 영토에 비해 철도와 도로 등이 열악한 편이다.

국가 안보는 어떤가? 역사적으로 러시아는 몽골, 독일, 스웨덴, 터키, 프랑스로부터 침략을 받았다. 미국, 영국, 일본, 인도와 달리 러시아는 지리적 방어에 불리한 국가이다. 그래서 방어선을 구축하는 데만도 엄청난 자원을 소비해야 했다. 게다가 소수민족과 서구 사회에 대한 역사적 불신이 스탈린 치하에서 절정에 달했고, 소비에트 연방이 해체되기 전까지 폐쇄적인 안보 정책을 펼쳤다.

1989년과 1991년 사이에 바르샤바 조약과 소비에트 연방의 붕괴가 진행되면서 우크라이나, 조지아 등의 위성국가는 각각 독립국가가 되었고, 보다 부유한 서방의 영향력 하에 놓이게 되었다. 여기에 중국의 개방이 더해져 말 그대로 세계는 '세계화의 황금시대'를 맞이했고, 이것은 금융위기 전까지 정점에 이르렀다.

그러나 소비에트 연방 해체 이후 러시아는 세계화의 황금시대를 제대로 누릴 수 없었다. 설상가상으로 미국, 유럽연합, 중국의 힘이 상대적으로 커지면서 러시아의 지위는 과거에 비해 무척 초라해졌다.

최근까지도 러시아는 그저 '핵무기 보유국' 혹은 '세계의 가스 생산국'에 불과했다. 게다가 이러한 지위도 2050년까지 전 세계가 기후변화에 대비해 '넷 제로net-zero(배출하는 탄소량과 제거하는 탄소량을 더했을 때 순배출량이 0이 되는 것)'를 목표로 하고 있으므로 무의미해질 수 있다. 또한 지리적으로 예전에 소비에트 연방에 속했던 국가들이 NATO의 영향력에 점점 더 노출되면 될수록 러시아의 위신은 더욱 낮아질 것이다. 우크라이나 침공은 이러한 러시아의 상황 때문에 비롯된 것이다.

2022년 2월, 러시아는 우크라이나 침공에 앞서 중국과 긴밀한

러시아군의 T72 전차

회담을 진행했다. 푸틴과 시진핑은 이 회담 이후, 5,000단어로 신중하게 작성된 양국의 긴밀한 협력 관계 문서를 발표했다. 중국의 동의와 지지를 기반으로 푸틴은 러시아가 과거에 누린 위상을 재건하려는 꿈을 실현하고 있다. 이제 70세에 접어든 푸틴의 입장에서 지금이 그 꿈을 이루는 데 적기라고 판단했을 것이다. 또한 일단 침공이 시작되고 빠르게 우크라이나를 점령하면, 러시아어를 사용하는 우크라이나인들이 러시아 군인을 크게 환영할 것으로 예상했지만, 현실은 그렇지 않았다. 우크라이나인들은 러시아보다 서방에 우호적이고, 겉보기에 압도적인 군사력을 보유한 러시아에 대항해 믿을 수 없을 정도의 용기로 강력하게 저항했다.

그럼에도 전쟁 초기에 러시아군은 압도적인 화력으로 우크라이나를 빠르게 점령했다. 그러나 이 과정에서 러시아는 자신들의 약점을 고스란히 노출했다. 러시아의 목표는 우크라이나를 러시아와 서방 사이의 완충 지역으로 확보하고, 러시아의 힘이 여전히 강하다는 것을 만천하에 알리는 것이었다.

그러나 현재까지 러시아는 이 목표와 반대의 모습을 보이고 있다. 러시아군은 미국이나 이스라엘보다는 이라크나 시리아를 생각나게 했다. 정보력 부재, 트럭 호송 차량 정체, 군인 공황 상태, 고위 장교 사망, 탄약과 연료 등 보급품 고갈 등의 약점을 고스란히 노출했다. 서방 국가들이 예측한 모습과는 전혀 다른 모습을 보인 것이다.

현재 러시아는 시리아, 벨로루시 등에서 지원군을 찾고 있고, 자국 내 동원령을 발동한 상태다. 다른 나라에 지원군을 요청한다는 것은 그만큼 러시아의 군사력이 약하다는 것이다. 전쟁이 길어지자 러시아 내에서 전쟁에 반대하는 여론이 커지지만 푸틴은 평화협정을 거부하고 있다. 푸틴이 전쟁을 종결하지 않는다면, 러시아 내에 길고 긴 갈등이 발생할 가능성이 매우 높다.

우크라이나 전쟁으로 서방 국가들은 핵무기와 같은 대량 살상 무기를 사용하지 않는다면 러시아의 군사력은 그리 치명적이지 않다는 점을 깨달았다. 경제적으로도 러시아는 서방에 강력한 영향력을 행사할 수 없다. 2020년 러시아의 국내총생산GDP은 1조 7,500억 달러로 세계 12위, 1인당 국민소득은 58위에 불과하다. 2001년에는 불안정한 에너지 가격으로, 2008년에는 금융위기로, 최근에는 코로나

미국이 우크라이나에 제공한 재블린 Javelin 대전차 미사일

팬데믹으로 경제가 크게 요동쳤다. 현재 우크라이나 침공에 대한 서구의 강력한 제재로 경제 상황이 녹록치 않다.

중국은 러시아의 우방국이지만 동맹 간의 결속력이 강한 것도 아니다. 중국은 일본에서 인도까지 이어지는 거대한 미국의 군사 및 외교 안보 라인에 맞서기 위해 친구가 필요했기 때문에 러시아와 동맹을 모색한 것일 뿐이다. 중국은 파키스탄 외에는 적극적인 동맹국이 없다. 세계 경제에 깊숙하게 개입되어 있기 때문에 중국은 러시아에 대해 적극적인 경제적 지원도 제공할 수 없다.

그럼에도 러시아와 손을 잡은 것은 러시아의 군사력을 활용해 미국과 유럽이 중국 남부의 영토와 무역을 침해하지 않도록 하기 위해서다. 중국과 러시아가 회담을 발표한 이후 양국의 동맹이 수사적으로는 유효하지만, 중국의 실질적인 지원이 거의 없는 것을 보면 이러한 사실은 더욱 명확해 보인다. 러시아는 이미 미국과 동맹국들의 경제 제재로 피해를 입었고, 중국은 이러한 시기에 러시아처럼 몰락의 길을 걸을 필요가 없다. 중국이 러시아와의 동맹을 선언한 것은 러시아가 우크라이나를 빠르게 점령한 후 병합할 것이라고 판단했기 때문이다. 러시아가 쉽고 빠르게 승리할 수 있다면, 이 동맹은 중국에게 매우 매력적으로 보였을 것이다.

그러나 결과는 중국이 기대한 것과 반대로 나타나고 있다. 우크라이나 전쟁이 장기화되면서 중국은 미국과의 관계를 재정립해야 할지 고민하고 있고, 게다가 현재 심각한 경기 침체에 빠져들고 있어서 러시아를 도와줄 형편이 아니다. 중국과 러시아의 동맹은 현실적으로 무용지물이 되어버렸고, 앞으로도 그럴 것이다. 이러한 상황을 고려해 우리는 다음과 같은 예측을 내릴 수 있을 것이다.

첫째, 대만 침공은 중국의 차기 행보가 되지 않을 것이다. 중국은 우크라이나 전쟁을 통해 잘못된 전쟁이 오히려 독이 된다는 것을 목격하고 있다. 대외적으로는 대만에 위협 행위를 보이지만, 실제로는 대만 침공을 실행에 옮기지 못할 것이다. 또한 우크라이나인들의 러시아에 대한 시선보다, 대만인들의 중국에 대한 시선이 더 곱지 않다. 대만인들은 홍콩에 대한 중국의 가혹한 탄압을 지켜보며 자유롭고 풍요로운 삶을 보장하겠다는 중국의 약속이 거짓임을 잘 알고 있다. 더욱이 미국은 중국이 대만을 침공하면 우크라이나를 지원하는 것보다 더 깊게 개입할 것이다. 대만은 미국의 동맹국이므로 미국은 전쟁에 직접 참전할 것이다. 따라서 중국은 대만 침공과 같은 모험을 하지 않을 것이다.

둘째, 강대국에 대한 인식에 변화가 발생할 것이다. 우크라이나 전쟁 이전에 우리는 세계의 강대국을 미국, EU, 중국, 러시아라고 인식해 왔다. 그러나 우크라이나 전쟁 이후 경제력이 뒷받침되지 않는 군사력은 허술하다는 점이 드러났다. 우크라이나 전쟁 이후 경제력이 약한 국가의 재래식 무기와 군대는 무력하다는 점이 입증되었다. 우크라이나군은 러시아군에 비해 병사와 무기의 수가 상대직으로 적지만 서방으로부터 드론과 미사일 등 첨단 무기를 제공받아서 러시아군을 효과적으로 막아냈다.

미군의 원격 로봇 전투 차량Robotic Combat Vehicle, RCV. RCV는 운전자 없이 움직이면서 적진을 향해 각종 무기를 발사하도록 만들어진 무인 전투 로봇이다.

우크라이나 전쟁으로 세계는 안보와 경제, 기술이 융합하는 이른바 '뉴디펜스New Defense' 시대를 맞게 되었다. 뉴디펜스 시대에는 경제와 기술이 강한 국가가 안보도 강한 국가가 될 수 있다. 현재 G2인 미국과 중국은 경제와 기술을 놓고 패권을 다투고 있는데, 이는 안보와도 밀접하게 연결되기 때문이다. 인공지능AI, 빅데이터, 로봇, 5G 이동통신 등 4차산업혁명의 신기술을 놓고 미국과 중국은 패권을 다투고 있다. 막상 전쟁이 벌어지면 경제력과 기술이 승패를 가르는 요인이 되기 때문이다.

이러한 점을 고려한 미국은 21세기가 시작될 무렵부터 그간 독점해 온 정부와 대기업의 국방과학기술개발에 민간 스타트업도 참여하도록 하고 있다.

미국 국방부는 최근 실리콘밸리의 스타트업들에 투자하기 위해 다양한 프로그램을 추진하고 있는데, 그 이유는 중국과의 기술경쟁에서 우위를 차지하기 위해서다. 안보와 경제, 기술이 융합하는 이른바 '뉴디펜스New Defense' 트렌드는 미국뿐만 아니라 서구 선진국과 일본, 한국 등 안보가 중요한 국가에서도 확산될 것이다.

셋째, 2020년대 말까지 자국우선주의가 세계주의를 대체할 것이다. 제2차 세계대전이 끝나자 세계주의는 국제관계의 핵심 원칙이 되었고, 냉전 시대에는 이 세계주의가 러시아와 미국을 중심으로 하는 사회주의와 민주주의로 갈라졌다. 그리고 이 시기에 세계주의는 WTO, IMF, 세계은행, 유엔과 같은 초국가적 기구들을 출범시켰고, 이들은 진영을 떠나 존중을 받아왔다. 그러나 최근 우크라이나 전쟁을 통해 알 수 있듯이, 서구 선진국들은 전쟁에 참전하면 오히려 자국에 불이익이 되기 때문에 강 건너 불구경만 하고 있다. 이번 전쟁으로 세계주의보다는 자국우선주의가 더 크게 나타나고 있는데, 미국의 경우가 대표적이다. 미국은 '세계시민'을 보호한다는 명목으로 여러 전쟁에 참전해 왔는데, 이번에는 '미국 우선주의'를 추구하기 때문에 우크라이나에 무기와 군수품 등 경제적 지원만 하고 있는 것이다.

넷째, 적어도 향후 10년 동안 세계화는 과거의 위상을 되찾지 못할 것이다. 전문가들은 이번 전쟁으로 세계 공급망의 효율성에 대해 의심하게 되었다. 전 세계의 산업과 경제가 러시아의 우크라이나 침공으로 인해 에너지 공급에 문제가 생기게 되었기 때문이다. 이미 미국은 반도체, 자동차, 의료 기기 및 의약품 제조를 다시 미국으로 되돌리고 있다. 지난 수년 동안 미국은 유럽 연합에 러시아 천연가스에 대한 의존도를 다변화할 것을 경고해 왔고, 그 경고는 현실이 되고 있다. 세계화는 사라지지 않겠지만, 미국과 중국 등 강대국은 자국우선주의를 세계화보다 중시할 것이다.

중국,
성장 대신 안정을 택한다

중국 경제에 먹구름이 끼었다. 미중 분쟁과 코로나로 인한 경기 침체, 우크라이나 전쟁, 사회적 양극화 등으로 중국은 성장보다 안정을 취하는 정책을 발표했다. 중국의 이러한 선택으로 앞으로 어떤 일들이 벌어질 것인가?

미중 관계가 계속 악화되면서 중국은 사회, 경제, 거버넌스와 관련된 정책을 전환하고 있다. 호주뉴질랜드ANZ 은행의 수석 이코노미스트 리처드 옛센가Richard Yetsenga는 "소비 침체, 기후변화에 따른 전통적인 제조업의 위축, 통화 및 재정 정책에 대한 거시적 제약 등이 중국을 성장 둔화의 경로로 이끌게 되었다"고 말했다.

현재 중국은 교육, 기술, 부동산에 대한 전면적인 규제를 펼치고 있다. 그동안 중국 정부는 경제 성장에만 집중했는데, 그 과정에서 사회적 불평등, 데이터 보안 문제, 환경 문제 등이 발생해 성장보다는 안정을 택하게 된 것이다.

중국 정부는 2022년 중국 경제성장률은 5.5%를 기록할 거라고 했지만 전문가들은 4%를 넘기기 힘들 거라고 예측한다. 2022년 중국의 경제성장률은 베트남 등 아시아의 다른 개발도상국들보다 낮을 것으로 전망된다. 2022년 9월, 세계은행WB은 2022년 중국의 경제성장률은 2.8%, 나머지 22개 개발도상국은 평균 5.3%로 예측했다. 중국이 주변국보다 경제성장률이 뒤처지는 것은 1990년 이후 처음이다.

중국 정부는 2035년까지 중국의 GDP를 지금보다 두 배로 늘리고 싶어 하기 때문에 이들에게 경제 성장은 여전히 중요하다. 그러나 중국 사회에 도농 간 양극화 문제가 불거지면서 불만의 목소리가 커졌고, 대중의 여론을 무시할 수는 없다. '공정과 정의'를 바라는 대중의 목소리를 더 이상 무시할 수 없으니 사회적 문제를 해결해야 할 필요성을 느꼈다.

이러한 상황에서 중국은 14차 5개년 계획을 발표했다. 14차 5개년 계획의 주요 정책 방향은 4가지로 요약할 수 있다.

1. 내(국내)순환-외(해외)순환 병행의 쌍순환雙循環 경제 발전

앞으로 5년간 중국경제는 내(국내)순환을 우선하고, 외(해외)순환을 병행하는 쌍순환雙循環 경제 발전 전략을 펼쳐 소비를 촉진해 내수 확대를 도모할 것이다. 과거에 '가전하향家電下鄕(농촌 소비 촉진을 위해 지정된 가전제품 구매 시 보조금을 지급)'처럼 수요를 늘려 경제를 발전시키기보다는 상품의 고품질화 등을 통해 소비를 늘려 경제 발전을 도모할 계획이다. 또 중국 제품의 글로벌 점유율을 확대할 전망이다.

2. 기술혁신 및 기술독립 강화

과학기술을 혁신해 핵심기술의 해외 의존도를 낮추고, 디지털 경제를 성장시킬 것이다. 다양한 산업 분야를 포괄적으로 육성하기보다는 반도체 장비 및 소재, 정밀기계 등 핵심기술을 중점적으로 성장시킬 것이다.

3. 지속 가능한 성장을 위한 녹색 전략

녹색 저탄소 발전으로 질적 성장을 도모할 것이다.

4. 경제 및 군사 안보 강화

미중 분쟁이 심화됨에 따라 국방 예산을 늘릴 것이다.

또한 중국은 2035년까지 1인당 국민소득을 2만 달러로 높이겠다는 목표를 설정했다. 이 목표를 이루기 위해서는 연간 4.5% 이상의 경제성장률을 기록해야 한다. 중국 정부의 발표에 따르면, 2021년 중국 경제성장률은 8.1%였다. 그런데 전문가들은 이 수치를 '기저

중국은 14차 5개년 계획을 발표했다.

효과'의 산물로 분석한다. 실제로는 5~5.5%로 예측된다.

현재 중국 정부는 부동산 부채 감축과 지방정부 지출 감축을 위해 규제 정책을 펼치고 있는데, 이러한 하방 압력을 지속적으로 펼칠 듯싶다. 그러나 경기 침체가 심각해지면 중국 정부는 정치적 지배력과 통제력을 상실할 수 있기 때문에 어느 정도의 성장도 도모해야 할 것이다.

이러한 중국의 입장과 정책을 고려하면, 우리는 다음과 같이 예측할 수 있다.

첫째, 중국의 경제성장률은 2030년까지 계속 둔화될 것이고, 미국의 성장률보다 낮아질 가능성이 있다. 이코노미스트 인텔리전스 유닛Economist Intelligence Unit의 글로벌 무역 수석 애널리스트 닉 마로Nick Marro는 중국의 경제성장률이 2020년대 말까지 약 3%에 머물 것으로 예상했다. 또 옥스퍼드 이코노믹스Oxford Economics의 아시아 경제 분석 책임자 루이스 쿠이즈Louis Kuijs는 중국의 경제성장률이 2030년까지 약 4%대로 둔화될 것으로 예상했다. 중국의 경제성장률이 둔화되는 이유는 금융 시스템 개혁 때문이다. 중국은 충분한 유동성을 유지하기 위해 은행의 지급 준비금 요건을 계속 축소할 것이다.

중국 정부는 2020년 초에 코로나19 충격을 완화하기 위해 막대한 공적 자금을 시중에 방출했는데, 2008년 글로벌 금융위기 당시에 대규모 경기부양으로 대출을 늘려 부실기업이 증가하고, 상업은행의 건전성이 악화되는 일을 겪은 바 있다. 따라서 대규모 경기부양에 따른 후유증을 방지하는 데 주의를 기울일 것으로 예상된다. 중국은 현재 소비 부진에 따른 소비자 금융 수요도 위축되었다. 특히 중국 중소형 은행들은 중소기업 대출 비중이 높아서 수익성 및 건전성이 악화될 수도 있다. 게다가 중국 중대형 도시들의 소득 대비 주택가격이 전국 평균을 크게 웃도는 상황에서, 코로나19 이후에도 중국 주택 가격은 상승세를 유지했다. 중국 정부는 부동산 버블을 막기 위해서라도

중국 중소형 은행들은 중소기업 대출 비중이 높아서 수익성 및 건전성이 악화될 수도 있다.

금융 규제를 가할 수밖에 없다. 따라서 중국 정부는 부채를 감축하기 위해 노력할 것이고, 이로 인해 경제성장률은 둔화될 것이다.

둘째, 미국과의 분쟁이 심화됨에 따라 중국은 공급망 자급자족을 확대할 것이다. 미국 등 선진국 기술에 대한 의존도를 낮추면서 산업 및 국가 안보를 강화하는 정책을 펼칠 것이다. 14차 5개년 계획에 따르면, 중국 정부는 기술 독립 및 혁신을 최우선 과제로 설정하고 디지털 경제를 발전시켜 나갈 전망이다. 현재 미국이 인프레이션 감축법을 만들었으므로 중국은 미국에 수출하는 데 어려움을 겪을 수밖에 없다. 중국은 기초과학 및 응용과학 연구와 반도체·로봇·첨단 제조 기술 등에 더 많은 자원을 할당하고, 교육에 대한 투자도 확대해 나갈 것이다. 또 5G 네트워크 등 IT 인프라에도 투자를 늘려 디지털

대도시 지역과 도시 클러스터를 개발하기 위해 도시 인구를 제한하는 호커우戶口 제도를 완화해 나갈 것이다.

경제를 발전시킬 것이다.

셋째, 앞으로 5년간 중국경제는 내(국내)순환을 우선하고, 외(해외)순환을 병행하는 쌍순환雙循環 경제 발전 전략을 펼쳐 소비를 촉진해 내수 확대를 도모할 것이다.

내(국내)순환을 우선하기 위해서는 내수를 확대해야 히는데, 그러기 위해 도시화를 가속화할 것으로 예상된다. 특히 대도시 지역과 도시 클러스터를 개발하기 위해 도시 인구를 제한하는 호커우戶口 제도를 완화해 나갈 것이다.

도시화를 가속화하기 위해서는 교통망 확대, 도시 공공시설 및 낙후지역 개발 등이 필요하므로 인프라 투자도 늘릴 것이다. 도시화로 중국 소비자의 구매력이 증가하면 중국 소비 시장은 성장할 것이다.

외(해외)순환 측면에서는 외국인 투자 유치 등을 위해 대외 개방을 더욱 확대할 전망이다. 중국은 수입 관세 장벽을 낮추고 외국인 투자자를 유치하기 위한 개방 조치를 지속적으로 취할 것이다.

넷째, 중국은 기후변화와 고령화에도 대비할 것이다. 미국 등 선진국이 기후변화에 대비해 그린 에너지 정책을 펼치는 것처럼 녹색경제 정책을 펼칠 것이다. 중국 정부는 2035년까지 내연기관 자동차 생산을 중단하겠다는 로드맵을 발표한 바 있다. 화석 에너지의 사용 비중을 줄이기 위해 친환경 발전을 늘릴 것이고, 자원 재활용 및 전기차 등의 친환경 산업을 대대적으로 육성할 것이다.

또 고령화에 대비하는 정책도 펼칠 것이다. 현재 중국은 65세 이상 고령 인구 비중이 확대되고 있는데, 그에 따른 사회적 지출이 크게 늘어날 것이다. 따라서 연금제도도 개혁할 것이다. 게다가 도시와 농촌의 소득 불균형도 사회 안정에 위협을 가하고 있으므로, 중국 정부는 양극화 문제를 해결하기 위해 사회 안전망 개선을 위한 재정 투입을 늘려나갈 것이다.

반도체 부족 사태,
어떻게 대응해야 할까?

4차산업혁명 시대에 반도체는 철강과 석유 못지않게 중요하다. 코로나 19 팬데믹과 함께 시작된 반도체 부족 사태는 4차산업혁명 시대에 심각한 문제를 일으키고 있다. 반도체 부족 사태는 어떤 문제를 일으키고, 기업과 정부는 이 문제에 어떻게 대응해야 할까?

코로나19 이후 글로벌 반도체 공급망에 문제가 생겼다. 반도체 산업은 진입 장벽이 매우 높고, 기술 경쟁이 치열하며, 삼성과 TSMC 등 일부 거대 기업들이 압도적인 우위를 보이고 있다.

오늘날 반도체는 자동차, 전자제품 등 거의 모든 핵심 제품들에 꼭 사용되고 있다. 세계 경제가 2021년부터 제조업 생산을 늘리면서 반도체 부족 사태가 시작되었는데, 자동차와 전자제품을 제때에 제공하지 못해서 고객들에게 큰 고통을 안기고 있다.

반도체 부족 사태가 불거지자 미국 정부는 반도체 공급망을 확보하는 정책을 내놓게 되었다. 지정학적 관점에서 볼 때 미국은 칩 설계 분야의 글로벌 리더이며 2019년 미국 기업은 전 세계 반도체 매출의 47%를 차지했다. 이러한 경쟁 우위를 유지하는 이유는 명확하다. 우선 미국은 해외에서 유능한 엔지니어를 유치하는 데 탁월하다. 또 미국은 반도체 산업 매출의 16.4%를 연구개발에 투자하고 있다.

그러나 오늘날 퀄컴Qualcomm, 엔비디아Nvidia 등 반도체 제조 공정에서 설계와 개발만 하는 팹리스 회사는 칩 설계 및 판매에만 관여한다. 이들은 칩의 실제 생산을 다른 회사에 아웃소싱하는데, 대부분의 첨단 칩 디자인은 미국에서 하지만 제조는 동아시아, 특히 대만과 한국에서 하고 있다.

반도체 팹리스 회사들이 생산량을 조절하는 것은 수월한 일이 아니다. 증가하는 수요를 충족시키기 위해 새로운 팹을 구축하는 데 막대한 자본이 필요하기 때문이다. 팹을 구축하고 이를 최대 생산량으로 구축하는 데 제조 칩 유형에 따라 17억 달러에서 54억 달러의 비용이 들고, 시간도 24개월에서 42개월이 소요될 수 있다. 더군다나 이러한 비용은 현재 더 증가하고 있는데, 반도체가 계속해서 소형화되고 복잡한 형태로 진화하고 있기 때문이다. 게다가 팹은 한순간에 쉽게 최대 생산량을 구축할 수가 없다.

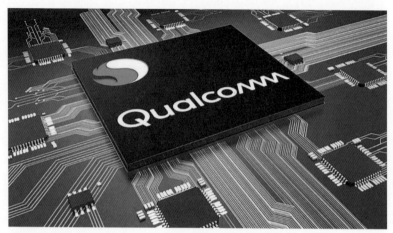

퀄컴Qualcomm은 반도체 제조 공정에서 설계와 개발만 하는 팹리스 회사이다.

팬데믹 이전에도 리드 타임(생산에 소요되는 시간)은 이미 충분히 길었다. 그리고 2021년 1월과 4월 사이에 리드 타임이 평균 75% 증가했다.

사실 팬데믹 이전부터 미국과 중국 사이에 지정학적 갈등이 불거져 반도체 부족 사태가 예견되어 있었다. 미중 무역 분쟁으로 화웨이와 ZTE 등 주요 중국 기술 기업에 대한 제재가 가해졌고, 미국은 미국 기술로 만든 칩을 이들이 구매하는 것을 차단했다. 이러한 제재에 대응해 2019년에 화웨이와 하이크비전Hikvision 등 중국 기술 기업들은 반도체를 비축하기 위해 분주하게 움직였다.

그리고 팬데믹이 불거지자 전 세계 제조업 공장들이 가동 중단되었고, 이러한 상황에서도 반도체 회사들은 약간의 여유를 누릴 수 있었다. 예를 들어, 우한의 봉쇄가 최고조에 달했을 때도 YTMC와 XMC는 가동을 유지했다. 그러나 2021년부터 반도체 수요가 크게 늘자 반도체 회사들은 생산을 충분히 빠르게 조정할 수는 없었다.

설상가상으로 자연 재해와 사고로 인해 반도체 부족 상황은 더 악화되었다. 2021년 2월 전례 없는 폭설로 텍사스 전역에 정전이 발생하여 삼성, 인피니언, NXP 반도체가 소유한 팹의 생산이 완전히 중단되었다. 3월에는 일본 이바라키 현 르네사스 공장에서 화재가 발생해 한 달 가까이 반도체 생산이 중단되었다. 또 대만에서 가뭄이 지속되어 TSMC가 운영하는 주요 팹이 생산을 줄이게 되었다.

코로나19의 불확실성은 기업과 소비자 모두를 당황하게 만들었다. 전례 없는 봉쇄와 여행 제한이 시행되면서 다양한 제품에 대한 수요가 어떻게 변할지 정확히 예측할 수 없었고, 재고 비축을 선호하지 않는 자동차 제조사들은 자동차 수요 감소를 예상하고 그에 따라 계획을 조정했다. 반면에 가전제품 제조사들은 사람들이 집에 갇혀 있기 때문에 가전제품에 대한 수요가 늘 거라고 예상했다. 자동차 제조사들은 칩 주문을 줄인 반면 가전제품 제조사들은 칩 주문을 늘렸다.

그러나 2020년 9월부터 자동차 판매가 팬데믹 이전 수준으로 증가하자 자동차 제조사들은 생산을 늘려야 했다. 자동차 제조사들이 반도체 주문을 위해 다시 줄을 섰을 때, 칩 제조사들은 이미 다른 회사들로부터 상당한 주문을 받았다. 오늘날의 자동차에는 반도체가 필수적으로 들어가야 하기 때문에 반도체 부족 사태로 자동차 출고가 지연되게 되었다. 실제로 자동차 한 대에는 수백 개의 반도체가 사용된다. 자동차가 점점 더 발전함에 따라 그 수요는 더욱 증가하고 있다. 반도체 부족 사태로 인해 자동차 제조 비용에서 반도체 비용이 차지하는 비중은 2010년 27%에서 2020년 40%로 증가했고, 전기자동차와 자율주행차의 증가로 그 비중은 더욱 증가할 것으로 예상된다.

반도체 부족 사태가 불거지자 각국 정부는 이에 대한 대비책을 마련하는 데 급급해졌다. 미국의 바이든 대통령은 반도체 공급망에 대한 100일간의 검토를 요구하는 행정 명령에 서명했고, 백악관에서 반도체 정상회담을 개최했으며, 반도체 R&D에 500억 달러를 배정하는 이른바 '미국을 위한 칩' 법안을 추진했다. 그리고 반도체 개발 및 공급망에 대해 일본과 협력하기로 합의했다. 대만 제조업체들에 칩의 대체 생산에 협력할 것을 요청했고, 대표단을 파견해 팹을 건설하기 위해 TSMC와 협상을 진행했으며, 화재로 피해를 본 일본 르네사스를 지원하도록 장비 제조업체를 권장하기도 했다.

한편, 한국은 자동차 및 칩 조달 사업자를 한국 내 2주간 자가격리 대상에서 제외했고, 칩 공급망의 주요 관계자들에게 사전 예방접종을 실시했다. 자동차 및 반도체 기업들과 연석회의를 주관했고, 보다 인징적으로 칩을 공급하기 위해 정부 관계자를 대만에 파견하기도 했다.

바이든 대통령은 미국 의회를 통과한 '미국을 위한 칩' 법안에 서명했다.

결론은 무엇인가? 4차산업혁명과 관련된 모든 산업은 반도체에 의존하고 있다. 전기 및 자율주행 자동차, 인공지능, 산업용 로봇, 사물인터넷 장비 등은 반도체를 필요로 한다. 적어도 앞으로 10년 동안 반도체 수요는 크게 늘 것이다.

이러한 추세를 고려하여 우리는 다음과 같은 예측을 내려 본다.

첫째, 향후 10년 동안 선진국들은 반도체 부족 사태에 대비해 반도체 공급망을 리쇼어링reshoring하려 할 것이다. 그러나 반도체 산업의 리쇼어링은 어려운 일이며, 이를 위한 모든 노력이 성공하는 것은 아니다. 반도체 산업에서는 지난 30년 동안 패권이 바뀌었다. 일본은 1990년 집적회로 매출의 49%를 차지하면서 한때 지배적 위치에 있었다. 그러나 2017년에 그 수치가 7%로 줄어들었고, 한국과 대만에 패권을 넘기게 되었다. 2020년 일본 정부는 일본에 제조 시설을 건설해 달라고 TSMC를 초청했고, 2021년 TSMC는 일본에 자회사를 건설하기 위해 90억 달러를 투자하기로 결정했다.

둘째, 중국은 팹 및 설계 역량을 구축하기 위해 노력하겠지만 첨단 기술이 중요한 반도체 산업에서 계속 뒤처질 가능성이 크다. 중국 정부는 지난 10년 동안 반도체 산업을 활성화하기 위해 노력해 왔다. 2015년에는 "2025년까지 반도체 자급률 70%를 달성하겠다"는 목표를 발표했다. 중국이 그 목표를 달성하기에는 아직까지 갈 길이 멀다. 어쨌든 미국이 화웨이와 SMIC 같은 중국 기업에 대해 제재와 압력을 가하자 중국 정부는 자극을 받았다. 중국 정부가 2021년 3월에 발표한 14차 '5개년 계획'은 기술 혁신을 강조하고 있으며, 중국 정부가 과학 연구 프로그램으로 지원하는 기술 목록에는 3세대 반도체도 포함되어 있다.

셋째, 미국은 당분간 반도체 제조 부문에서 한국과 대만을 추월할 수 없지만 칩 설계 부문에서는 패권을 유지할 것이다. 2021년 백악관은 반도체 제조 기업과 반도체 부족 사태로 영향을 받는 기업들을 대상으로 특별 CEO 서밋을 개최했다. 이 행사의 참가자들은 미국에서 반도체 제조를 늘리기로 했다. 인텔은 애리조나 주에 새로운 칩 공장을 건설하는 데 200억 달러, 뉴멕시코 주의 기존 공장을 업그레이드하는 데 35억 달러를 투자하기로 결정했다.

넷째, 앞으로 10년 동안 EU는 전 세계 반도체 제조에서 차지하는 비중을 높일 것이다. EU는 반도체 제조 산업을 부흥하기 위한 계획을 이미 수립하고 있다. 세계적인 반도체 칩 부족 사태가 불거지자 EU는 반도체 생산을 자급자족해야 할 필요성을 느끼게 되었다. EU 집행위원회는 2030년까지 EU 반도체 칩 생산량을 세계 공급량의 20%까지 늘리는 것을 목표로 하는 계획을 발표했다.

다섯째, 반도체 산업의 리쇼어링 트렌드로 미국 기업들은 칩 설계에서 제조까지 수직적 통합을 추진하게 될 것이다. 최근 인텔은 미국에 새로운 팹을 건설하기로 결정했는데, 파운드리 반도체 산업에서 새로운 성장동력을 발견했기 때문이다. 인텔의 CEO 팻 겔싱어Pat Gelsinger는 "미국 칩 제조의 감소 추세를 역전시킬 때가 되었다"고 밝힌 바 있다. 엔비디아와 애플 등 주요 기술 기업들이 수직적 통합을 추진하려면 반도체 제조 분야에서 우위를 보이는 삼성과 TSMC와 맞서기 위해 많은 자본과 인재가 필요할 것이다.

인텔은 애리조나 주 챈들러에 있는 오코틸로 캠퍼스에 2개의 새로운 첨단 칩 팹을 건설한다고 발표했다.

여섯째, 전 세계 곳곳에서 반도체 칩에 대한 수요가 늘면서 반도체 생산업체들은 막대한 자본을 투자해야 할 것이다. 2021년 1분기에 TSMC는 300억 달러를 투자하기로 결정했다. 이 비용의 상당 부분은 반도체를 생산하는 자동화 시스템을 구축하는 데 투입될 것으로 예상된다. TSMC와 삼성과 같은 반도체 회사는 이미 최근 수년 동안 생산 라인에 자동화를 확대해 오고 있다. 2020년 TSMC는 창고에서 팹으로 웨이퍼를 안전하게 운반하는 세계 최초의 자동화 웨이퍼 운송 시스템을 개발했다. 이 자동화 시스템은 2020년 1분기부터 가동되기 시작했다. 삼성은 한 번에 12가지 작업을 수행하는 자동화 시스템을 완성했다.

일곱째, 앞으로 10년 이상 인공지능, 5G, 자율주행 자동차, 사물인터넷

삼성전자 평택캠퍼스에서 웨이퍼를 실은 자동운반장비OHT가 움직이고 있다.

이 확산되어 반도체에 대한 수요를 지속적으로 증가시킬 것이다. 인공지능을 활용해 대규모 데이터를 분석하고 필요한 자료를 추출하려면, 반도체가 뒷받침되어야 한다. 인공지능 칩 시장 규모는 2020년 101억 4,000만 달러에서 2027년 832억 5,000만 달러로 8배 증가할 것이다.

또 5G로 인해 데이터 속도가 더 빨라지면서 첨단 반도체에 대한 수요가 크게 늘 것이다. 사물인터넷 역시 반도체 수요 급증을 일으킬 것이다. 단기적으로 반도체 부족 사태는 5G 환경을 확산하는 데 문제를 일으키겠지만, 현재 칩 제조사들의 기술력을 감안한다면 이러한 문제가 장기적으로 지속되지는 않을 것이다.

한편, 반도체 부족 사태로 자동차 제조사들은 직접적인 영향을 받았고,

구글은 머신 러닝을 위한 텐서 프로세싱 유닛 Tensor Processing Unit 을 개발했다.

2021년 2분기 스마트폰 생산량 또한 5% 감소했다. 실제로 애플과 삼성은 반도체 부족으로 인해 새로운 스마트폰의 출시를 다소 지연시켜야 했다. TV 등을 생산하는 가전제품 제조업체들도 앞으로 반도체를 원활하게 공급받을 수 있을지 불안을 느끼고 있다.

이처럼 반도체는 4차산업혁명과 관련된 모든 산업에 영향을 미치고 있는데, 반도체 산업은 장기적으로 보면 성장세를 유지할 것이다.

여덟째, 반도체 부족 사태가 이어지는 현실에서 진정한 승자는 혁신을 추구하는 기업이 될 것이다. 기존의 반도체 칩보다 더 효율적인 새로운 칩을 개발하는 기업은 미래 반도체 시장에서 왕좌에 앉을 것이다. 새로운 기회를 잡기 위해 애플은 태블릿과 맥북용 칩의 M1 시스템을 개발했고, 아마존은 서버용 칩을 개발했으며, 구글은 머신 러닝을 위한 텐서 프로세싱 유닛 Tensor Processing Unit 을, 삼성은 인간의 뇌 구조를 모방하는 신경망 칩을 개발하는 데 전력투구하고 있다.

빅 테크 기업,
독점적 지위를 누리지 못한다

얼마 전까지 구글, 애플, 아마존 등의 빅 테크 기업들은 미국 경제를 이끈다는 이유로 규제에서 비교적 자유로웠다. 덕분에 거대한 부와 권력을 쌓았는데, 이제 이들을 가로막는 법안에 부딪히게 되었다. 차별과 독점을 금지하는 내용을 주축으로 하는 이 법안들이 통과되면 어떤 일이 일어날까?

미국의 정치는 크게 보수주의 공화당과 진보주의 민주당으로 나뉘어 있다. 공화당 의원들은 대기업 친화적이고, 민주당 의원들은 흑인, 히스패닉, 노조를 옹호한다. 최근 수년 동안, 미국 서부 해안의 빅 테크 기업들은 민주당 편에 섰는데, 이 기업들의 CEO 중 상당수가 민주당 성향을 지니고 있기 때문이다.

리나 칸Lina Khan

　그런데 빅 테크 기업들이 지지했던 민주당 내에서도 변화가 일어
나고 있다. 빅 테크 기업들에는 불행한 일이지만, 민주당은 공화당과
힘을 모아 빅 테크 기업들에 불리한 규제를 가하고 있다. 빅 테크 기
업들이 자신들을 지지하는데도 불구하고, 민주당 의원들은 실리콘
밸리를 지배하고 있는 이들의 권력과 부를 약화시키기 위한 법안을
추진하고 있다.

　2020년 10월, 미국 하원 사법위원회는 〈디지털 시장의 경쟁 조
사〉라는 보고서를 발표했다. 이 보고서를 만드는 데는 2021년 6월에
미국 연방거래위원회FTC 위원장 리나 칸Lina Khan이 자문위원으로
참여했다. 이 보고서는 다음과 같은 내용을 담고 있다.

- 디지털 시장은 네트워크 효과, 전환 비용switching costs, 정보의 자기 강화적인 이점, 규모에 따른 수확 체증 등의 특성을 가지고 있어 승자 독식 경향이 있으며, 이는 새로운 경쟁자가 시장에 진입하는 데 진입 장벽으로 작용하고 있다.

- 빅 테크는 온라인 플랫폼을 운영하면서 제3자 업체가 소비자와 연결될 수 있도록 매개하는 동시에 이들과 특정 상품을 두고 경쟁하는 이중 역할을 수행하고 있는데, 반경쟁 행위가 우려된다. 이러한 반경쟁 행위로는 '데이터 착취data exploitation', '자기 사업 우대self-preferencing', '핵심 기술의 부당 취득appropriation of key technologies' 등이 있다.

- 이러한 플랫폼의 시장 지배력은 혁신과 기업가 정신을 위축시키고, 개인정보보호에 부정적 영향을 미치며, 자유롭고 다양한 언론의 형성을 저해하고, 정치적, 경제적 자유를 위협할 우려가 있다.

이 보고서는 4대 빅 테크 기업인 페이스북, 구글, 아마존, 애플의 시장지배력, 인수합병 과정과 이들 기업이 어떻게 반경쟁 행위를 했는지를 분석하고 있다. 이 보고서를 토대로 미국 하원 민주당 의원들은 '독점금지법 개정안'을 상정했다. 이 법안은 구글, 페이스북, 애플, 아마존, 마이크로소프트 등을 대상으로 한다.

2021년 7월 9일, 바이든 대통령은 '미국 경제에서의 경쟁 촉진'이라는 행정명령을 내렸다. 이 행정명령에는 빅 테크에 대한 규제 내용이 포함되어 있다. 주요 내용은 다음과 같다.

- 미국의 IT 부문은 오랫동안 혁신과 성장의 엔진이었지만, 오늘날에는 소수의 인터넷 플랫폼이 시장 진입자를 배제하고 독점 이익을 취하고 있다. 자신의 이익을 위해 개인 정보를 수집하기 위해 자신의 힘을 사용하고 있다.
- 경제 전반에 걸쳐 너무 많은 소규모 기업들이 생존을 위해 이러한 플랫폼과 소수의 온라인 시장에 의존하고 있다.
- 너무 많은 지역 신문들이 광고 시장에서 인터넷 플랫폼의 지배력 때문에 문을 닫거나 규모를 축소했다.
- 인터넷 플랫폼들은 일련의 합병, 신생 경쟁자의 인수, 데이터의 축적, 관심 시장attention markets에서의 불공정한 경쟁을 일삼았다.

2022년 1월 20일, 미국 상원 법사위원회는 '미국의 혁신 및 선택 온라인 법American Innovation and Choice Online Act'을 16대 6으로 통과시켰다. 이 법안은 공화당과 민주당 양당의 합의로 통과되었다. 앞으로 상원 전체 회의에서도 채택될 가능성이 높아졌다. 이 법안에는 페이스북의 모기업 메타와 애플 등 빅 테크 기업들은 물론 틱톡 등 중국의 기업까지 규제 대상에 포함되었다. 이 법안이 상원 전체 회의

구글은 2021년에 핏빗Fitbit을 인수했다.

에서 통과되면 아마존은 검색 순위에서 자사 상품을 타사 경쟁상품보다 더 높은 순위에 올려놓지 못한다. 마찬가지로 애플과 구글은 자사 모바일 앱 스토어에서 자사가 개발한 앱 순위를 부당하게 높일 수 없다. 구글의 일반 검색 엔진에도 동일한 원칙이 적용된다. 이 새로운 법안이 상원 전체 회의에서 통과하면 빅 테크 기업들은 구글이 2021년에 핏빗Fitbit을 인수했던 것과 같이 잠재적 경쟁자들을 더 이상 인수할 수 없다. 또한 빅 테크 기업들은 사용자나 기업들이 자신들의 데이터를 다른 플랫폼으로 더 쉽게 전송할 수 있도록 해야 한다.

이제 미국 상원 의회에서 민주당과 공화당이 합류하여 빅 테크 기업에 규제를 가하는 법안을 통과시키려 하고 있다. 그렇다면 빅 테크 기업들은 어떻게 될 것인가?

우리는 다음과 같은 예측을 내려 본다.

첫째, 상반되는 이데올로기에도 불구하고 민주당과 공화당은 상원 의회에서 빅 테크 기업들에 대한 새로운 독점금지법을 통과시키기 위해 힘을 합칠 것이다. 이 법안은 진보적 성향의 민주당에게는 미국 헌법이 보장하는 개인의 자유를 위한 것이므로 좋을 것이고, 보수적 성향의 공화당에게는 그들에게 우호적이지 않은 빅 테크 기업들에게 족쇄를 채울 수 있으므로 바람직할 것이다. 또 미국 국민의 입장에서는 독점금지법이 통과되면 공공의 이익이 될 것이고, 빅 테크 기업에 속하지 못한 기술 기업들은 새로운 기회를 창출할 수 있을 것이다.

둘째, 페이스북은 '차별금지'와 '두 플랫폼 간의 사용자 데이터의 원활한 전송'을 중점으로 하는 이 법안에 의한 피해를 최소화하기 위해 고군분투할 것이다. 미국 하원 법사위원회 반독점소위원장 데이비드 시실리니David Cicilline가 발의한 차별금지 법안은 빅 테크 기업의 '자사 제품 어드밴티지' 제공을 금지한다. 이 법안에 따르면 페이스 북은 자사 메인 사이트와 인스타그램에 이미지 등을 쉽게 교차 게시할 수 있도록 해야 한다. 또한 페이스북은 인스타그램, 페이스북 메신저, 왓츠앱WhatsApp에서 메시지 서비스를 통합하는 작업을 해야 한다. 차별금지 법안에 따르면 페이스북은 경쟁 기업에 동일한 도구를 제공해야 하는데, 그래야만 사용자가 자신의 동영상 또는 텍스트

왓츠앱은 페이스북의 모회사 메타의 채팅 앱이다.

를 다른 소셜 미디어 서비스에 교차 게시하거나 페이스북에서 다른 플랫폼으로 메시지를 보낼 수 있다.

한편, '상호운용성 법안interoperability bill'에 따르면 플랫폼 사용자와 기업은 그 플랫폼을 떠날 때 그들의 데이터를 쉽게 가져갈 수 있도록 해야 한다. 이는 사용자가 서비스 플랫폼을 쉽게 전환할 수 있도록 하기 위한 법안이다. 이렇게 하면 경쟁 기업들이 27억 명의 사용자를 보유한 페이스북과 더 쉽게 경쟁할 수 있다. 또한 상호운용성 법안은 신생기업이 구글이나 페이스북 등 빅 테크 기업에 인수되는 불상사도 막을 수 있다. 그리고 새로운 혁신가들이 더 나은 제품 혹은 서비스를 만들 수 있도록 할 것이다. 미국 의회가 '기업 인수 합병'을 줄이고 '공정한 경쟁'을 촉진한다면, 오늘날 우리가 접하고 있는 것들과 매우 다른 소셜 미디어 시장이 형성될 것이다.

셋째, '상호운용성' 및 '차별금지' 법안은 아마존의 경쟁우위를 빼앗을 것이다. 상호운용성 법안은 특히 비즈니스 정보 부문에도 적용된다. 즉, 아마존의 제3자 판매자는 다른 마켓플레이스의 리스팅과 리뷰를 더 쉽게 가져올 수 있다. 또한 차별금지 법안의 일부 조항은 전자상거래 거대 기업을 직접 겨냥한 것이다. 이 법안에 따르면 지배적인 온라인 플랫폼이 '그들과 함께 사업을 진행하는 기업들의 비공개 데이터'를 활용해 자사 제품을 지원하는 것이 금지된다. 또한 이 법안은 빅 테크 기업들이 그들의 서비스 구매 요건에 따라 제3자 판매자들의 플랫폼 사용과 플랫폼 배치에 조건을 부여하는 것을 금지한다. 이 법안은 아마존 매출의 82%를 차지하는 '장바구니 담기' 기능이 있는 '바이 박스Buy Box'에 대해서도 규제를 가한다. 현재 아마존은 판매자들에게 프라임 서비스를 포함한 자사의 물류 및 배송 시스템을 사용하여 바이 박스를 획득하도록 하고 있는데, 이러한 일들이 불가능해질 것이다.

넷째, 애플은 앱 개발자들에게 디지털 상품 및 서비스 판매 대금에 대해 30%의 수수료를 부과하는 '인앱 결제 시스템'을 사용하도록 요구하지 못할 것이다. 2020년 2월 20일 미국 상원 법사위원회는 '인앱 결제 금지 법안'을 통과시켰다. 앱 스토어는 아이폰 및 아이패드 사용자가 앱을 다운로드할 수 있는 유일한 장소인데, 이 법안이 통과되었으니 애플은 더 이상 앱 개발자들에게 수수료를 받지 못할 것이다. 사실 애플은 앱 개발자가 고객에게 직접 접

아마존 바이 박스Buy Box

근하지 못하게 했다. 예를 들어, 앱 개발자는 사용자의 이메일 주소를 별도로 획득하지 않는 한 아이폰 사용자에게 이메일을 보낼 수 없다. 또한 이 법안은 애플이 강제로 정한 원칙인 사용자의 '기본 앱' 제거 방지를 금지한다. 아이폰 제조업체는 최근에 휴대전화에 설치된 일부 앱을 삭제할 수 있게 했지만 메시지 및 나의 아이폰 찾기를 포함한 몇몇 기본 앱은 사용자 마음대로 제거할 수 없다. 하지만 앞으로는 '기본 앱'을 사용자가 원하는 대로 삭제할 수 있게 되었다. 앞으로는 애플뿐만 아니라 구글도 이 법안을 따라야 할 것이다.

다섯째, 이 법안에 따르면 구글은 지시의 검색 엔진을 통한 수익이 줄어들 것이다. 현재 구글은 검색 결과 페이지 상단에 자체 서비스를 가장 높은 우선

순위로 제공한다. 구글 지도와 구글 리뷰가 지역 비즈니스 검색에서 가장 먼저 표시되고, 유튜브 동영상이 가장 상단에 노출된다. 새로운 법에 따라 구글은 자체 서비스나 제품에 우선권을 부여하지 못할 것이다. 또한 구글은 더 이상 온라인 디스플레이 광고 시장에서 1위를 차지하지 못할 것이다.

여섯째, 마이크로소프트도 이 새로운 법안의 영향을 받겠지만 다른 빅 테크 기업들에 비해 덜할 것이다. 마이크로소프트의 링키드인 소셜 네트워크는 미국 내에서 약 1억 7,500만 명의 사용자를 보유하고 있는데, 링키드인 역시 해당 법률의 영향을 받을 것이다. 새로운 법안에 따라 링키드인은 경쟁사들의 플랫폼이 이 플랫폼과 함께 작동하도록 허용하고 사용자가 자신의 프로필을 다른 사이트로 전송할 수 있도록 해야 한다. 또 마이크로소프트의 아웃룩Outlook 이메일 클라이언트에서 사용자는 클릭 한 번으로 마이크로소프트 팀스Teams 화상 회의를 시작할 수 있는데, 새로운 법안에 따라 마이크로소프트는 슬랙Slack 혹은 줌Zoom과 같은 다른 사무 생산성 도구에도 동일한 원 클릭 기능을 허용해야 한다.

일곱째, 빅 테크 기업들이 더 이상 독점적인 지위를 누리지 못하면 소비자와 투자자, 스타트업에게도 바람직할 것이다. 빅 테크 기업의 플랫폼은 네트워크 효과 및 규모의 경제로 인해 절대 권력을 누렸다. 이들을 위협할 대항마는 존재하지 않았다. 그러나 투자자에게 이러한 현상은 바람직하지 않다. 그 이유는 세 가지다. 첫째, 주식 시장에서 소수의 회사만 주목받으면 투자 대상

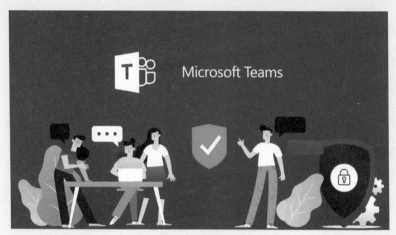

마이크로소프트 팀스Teams

이 많지 않아서 주식 시장이 위축된다. 둘째, 한 기업만 시장을 장악하여 새로운 진입자가 뿌리를 내리지 못하게 하면 혁신이 이루어지지 않는다. 셋째, 거대 기업이 정권과 손잡게 되면 독점적인 지위를 남용해 큰 문제가 발생할 수 있다. 따라서 이를 규제하는 법안이 통과되면 스타트업과 주식 시장이 활성화되고, 소비자 입장에서는 다양한 플랫폼을 저렴하게 이용할 수 있으므로 만족도가 높아질 것이다.

중국의 에너지 위기,
경제성장의 발목을 잡는다

중국은 자체적으로 에너지를 생산하지만 수입에 크게 의존하고 있다. 불행하게도 최근 에너지 자원의 글로벌 공급과 수급이 불안정해지자 중국의 고민은 커지고 있다. 앞으로 어떤 일이 일어날 것인가?

중국의 석탄 보유량이 감소하면서, 중국 내 에너지 위기가 서서히 고개를 들고 있다. 중국은 전체 에너지의 절반 이상을 석탄으로 충당하고 있는데, 앞으로 더 큰 문제로 이어질 수 있다. 현재 중국이 수입하는 석유가 높은 가격에 거래되고, 앞으로도 가격이 내리기는 힘들어 보인다. 미국 등 선진국이 기후변화에 대비해 석유 생산을 늘리지 않기 때문이다.

석탄과 별개로, 중국 내 석유 생산량은 중국의 석유 소비량을

석탄으로 전기를 생산하는 중국의 화력발전소

충족하기에 충분치 않다. 2013년에 중국의 석유 생산량은 피크에 도달했고, 2020년에는 하루 390만 배럴을 생산하는 데 그치고 있다. 반면에 2020년 중국의 석유 소비량은 이보다 훨씬 많은 하루 1,420만 배럴이다.

　호주 과학자 데이비드 아치발드David Archibald는 중국의 에너지에 관한 전문가다. 그는 2013년에 '에너지Energy' 저널에서 중국 내 석탄 소비량이 피크에 도달하는 '석탄 피크'가 발생할 것이라고 예측했다. 아치발드는 2021년 11월 26일 '웬트워스 리포트Wentworth Report'에서 "값싼 석탄이 지금까지 차이콤Chicom(중국 공산당Chinese Communist의 약자)의 힘의 원천이었고, 이들로 하여금 대부분의 이웃 국가들과 저 멀리 리투아니아와 같은 지역까지 위협을 가할 수 있도록 해줬다"고 밝힌 바 있다. 아치발드의 예측대로 차이콤의 석탄 피크는 도래하고 있고, 중국에 에너지 위기의 그림자가 드리우고 있다.

아치발드는 "현재 차이콤의 석탄 보유량은 초기 석탄 보유량의 절반 수준에 머물러 있고, 이제 곧 고통 단계로 진입하고 있는데 석탄 채굴을 또다시 절반으로 줄일 것이다. 이 자원의 채굴 비용이 가파르게 상승하고 있기 때문"이라고 했다.

아치발드는 서구 세계가 1950년대와 1960년대에 했던 일을 중국도 할 수 있다고 지적한다. 즉, 원자력으로 전환하는 것이다. 그러나 중국 정부가 원자력 발전을 늘리겠다고 공약했음에도 불구하고 충분한 원자로를 건설하지 못했다. 그리고 앞으로도 석탄 생산 감소를 상쇄할 만큼의 원자력 발전소를 건설하기가 어려울 것이다.

아치발드는 "중국은 석탄을 통해 값싼 전력을 공급받아 세계의 공장이 되어 수출을 늘렸고, 1헥타르당 평균 6톤의 곡물을 생산하기 위해 393kg의 질소 비료를 사용하는데, 이 질소 비료는 석탄을 에너지원으로 한다"고 설명했다.

"차이콤의 석탄 생산은 현재 중국의 23개 성 중 산시성, 내몽골 등 3개 성에 집중되어 있다. 다른 지역의 총생산량은 10년 전에 이미 정점을 찍었다. 중국은 자체 석탄 생산 비용이 수입 석탄 비용보다 높아지면서 석탄 수입을 시작했는데, 그 수입량이 중국 석탄 소비량의 약 10%까지 증가했다."

아치발드는 "중국은 신장 위구르 자치구 등에서 일부 석탄 매장

지도 개발하고 있지만 이 지역은 철도 운송이 가능한 동부 해안의 수요 중심지로부터 너무 멀리 떨어져 있어서 문제"라고 지적한다. 그래서 중국은 3개의 초고압 전송 라인을 건설했는데, 이 라인들은 매우 낮은 전송률을 지닌 직류로 운용되고 있다.

결론은 무엇일까? 중국에서 저렴하고 풍부한 노동력, 우호적인 수출 시장, 깨끗한 물, 열정적인 투자자가 사라지고 있는 것과 마찬가지로, 저렴하고 풍부한 에너지도 그렇게 되고 있다. 이로 인해 중국은 경제적, 정치적으로 난관에 부딪칠 것이다. 에너지 문제는 중국 공산당 지도부가 의사결정을 내릴 때 매우 중요한 영향을 미칠 뿐만 아니라, 미국과 그 동맹국들과 힘겨루기를 할 때도 장애물로 작용할 것이다.

중국의 에너지 위기를 고려해, 다음과 같은 6가지 예측을 내려 본다.

첫째, 2023년 이후 세계 경제가 침체되고 중국 경제도 침체되면서 중국의 석탄 수요는 단기적으로 다소 둔화될 것이고, 이에 따라 약간의 '숨 고르기'를 할 수 있을 것이다. 현재 세계 시장과 중국 시장에서 철강 수요 감소가 나타나고 있는데, 이는 전 세계적인 철강 과잉 생산으로 나타난 현상이다. 이로 인해 향후 철강 생산이 둔화될 것이고, 철강 생산에 필요한 석탄 수요도 줄어들 것이다. 그럼에도 불구하고 2020년대 후반까지 석탄 피크는 중국의 경제 성장을 둔화시키고, 중국 대중의 불만을 증가시킬 것이다.

둘째, 석탄 가격이 오르면 비료 생산을 감소시켜 중국 내 식량 확보에도 악영향을 미칠 것이다. 중국은 이미 수입 식품에 상당히 의존하고 있는데, 중국에 6억 명에 달하는 빈곤층이 있다는 것을 고려할 때, 이 문제는 앞으로 엄청난 사회적, 정치적 문제가 될 것이다.

셋째, 중국의 석탄 피크는 중국이 전 세계에서 거의 독점적 지위를 누리고 있는 태양전지 패널 생산에 영향을 끼칠 것이다. 현재 태양전지 패널을 에너지 정책으로 도입한 국가들의 재생 에너지 가격을 점점 더 오르게 만들 것이다. 현재 전 세계 폴리실리콘의 약 45%가 중국 신장에서 생산되고 있는데, 중국은 전 세계 태양전지 패널의 수요를 충족시키기 위해 실리콘 산업을 확

중국이 사하라 사막에 짓고 있는 세계 최대 태양광발전소 누르Noor 3

장했다. 폴리실리콘 웨이퍼 제조는 1kg당 117kWh의 전기를 필요로 하는, 마진이 매우 낮은 산업이다. 중국에서 생산하는 전기 에너지의 상당부분이 석탄으로 만들어진다는 것을 감안하면 중국의 석탄 피크는 전 세계적인 태양광패널 비용의 상승으로 이어질 것이다.

넷째, 코로나19 이후 미국과 중국은 '자급자족 소비 경제'를 추구하고 있는데, 석탄 피크는 '자급자족 소비 경제'를 만들려 하는 중국의 희망을 무너뜨릴 것이다. 미국은 석유와 가스, 광석 등 충분한 천연자원을 보유하고 있어서 일부 전략 광물을 제외하고는 자급자족할 수 있을 뿐더러 첨단기술 분야의 선두주자이다. 그러나 중국은 아직까지는 아니다. 중국의 경제학자들은 마오주의적 '순환 경제'로 회귀하는 것에 대해 논의해 왔는데, 이 순환 경제는 첨단 고급 기술이 받쳐주지 않는 한 불가능하다.

다섯째, 석탄 피크는 국제 사회에서 중국의 영향력을 약화시킬 것이다. 예를 들어, 중국이 대만을 위협하는 적대적인 군사 행동을 할 경우 미국은 러시아 이외의 다른 곳에서 수입되는 농산물 및 화석연료 수입을 쉽게 차단할 수 있다. 미국은 중국의 해외 수출을 차단할 수도 있으므로, 결과적으로 국제 사회에서 중국보다 우위에 설 것이다.

여섯째, 중국이 새로운 첨단 기술을 통해 석탄 피크를 극복할 수도 있겠지만 그러한 일이 몇 년 내에 일어나지는 않을 것이다. 중국은 현재 토륨을 연료로 하는 용융염 원자로 기술을 실험하고 있다. 이 실험에 성공하면 중국은 많은 문제를 해결할 수 있다. 그러나 이 기술이 상용화되기까지는 몇 년이 걸리고, 판도를 바꾸는 규모로 확산되기까지는 수십 년이 더 걸릴 것이다. 현재 중국보다 기술적으로 앞선 국가들은 중국이 용융염 원자로 기술을 상용화하기 전에 더 좋은 기술을 확보할 수 있을 것이다.

글로벌 인재영입,
세계는 지금 인재영입 전쟁 중

모든 혁신은 사람으로부터 비롯된다. 미국은 이민자를 유입해 이러한 혁신을 이뤄왔다. 그러나 이제는 미국뿐만 아니라 여러 OECD 국가들이 글로벌 인재를 영입하기 위한 전쟁에 뛰어들고 있다. 글로벌 인재영입 전쟁에서 승리하려면 무엇을 해야 할 것인가?

세계 경제가 디지털화되면서 오늘날의 경제는 물리적 장비 및 건물을 포함한 유형 자본에 대한 의존도를 낮추는 대신 무형 자본, 즉 소프트웨어와 특허 등 지적 자본과 관련된 무형 자본으로 이동하고 있다. 인간의 재능은 이러한 무형 자본의 주요 원천이므로 그 중요성은 당연히 점점 더 커지고 있다.

오늘날 국가안보와 국력은 그 어느 때보다 경제와 기술에 달려 있다. 우크라이나 전쟁에서 확인할 수 있듯이 오늘날의 전쟁은 병사 수와 재래식 무기 수로 승패가 갈리지 않는다. 첨단 기술이 접목된 군사 무기가 승패를 정한다. 기술뿐만 아니라 경제력도 중요하다. 21세기에는 경제 전쟁의 승자가 군사 전쟁의 승자가 될 수 있다.

인공지능, 5G, 양자컴퓨터 등 첨단 기술 분야를 주도하는 국가는 국가안보도 공고히 다질 수 있다. 미국은 지난 100년 동안 숙련된 기술자들을 이민자로 받아들여 과학 연구에서 탁월한 성과를 보였고, STEM(과학, 기술, 공학, 수학) 분야에서 계속적으로 우위를 지켜오고 있다. 고급 기술 이민자들은 미국의 기업가정신을 수용하여 놀라운 속도로 새로운 포춘 500대 기업을 만들었다.

오늘날 미국의 이민자는 미국 전체 인구의 약 14%를 차지하는데, 이는 1950년의 약 7%보다 두 배가량 증가한 수치이다. 현재 이민자들은 미국 연구기관과 기술 분야를 거의 지배하고 있다. 1901년 이후 미국 외의 지역에서 태어난 사람이 미국인 노벨상 수상의 3분의 1을 차지했다.

또한 외국 학생들이 미국의 STEM 강의실을 채우고 있다. 예를 들어, 인공지능 관련 분야 대학원생의 3분의 2가 해외에서 태어났다. 대학 교육을 받은 외국 태생 근로자는 미국 태생 근로자보다 기술, 과학, 엔지니어링 직종에 고용될 가능성이 더 높다. 2013년에 다트머스대학의 경영대학원 학장 매튜 슬로터와 하버드대학의 고든 핸슨 교수는 STEM 분야에서 박사 학위를 받은 미국인 중 60%가 이민자라는 사실을 발견했다. 그리고 컴퓨터 프로그래밍, 소프트웨어 개발 등 주요 STEM 분야에서 석사 학위를 받은 미국인 중 50% 이상이 이민자였다.

미국은 혁신을 가능하게 하는 과학적 발견과 기술 연구를 발전시키기 위해 이민자들에게 그 어느 때보다 의존하고 있다. 외국 태생의 기업가들도 미국의 경제 성장에 크게 기여했다. 2019년 기준 포춘 500대 기업 중 20%가 이민자에 의해 만들어졌으며, 나머지 24%는 이민자 자녀가 설립했다. 모스크바 태생의 세르게이 브린Sergey Brin은 실리콘 밸리의 위대한 기업 구글을 설립했다. 또한 이민자들은 2018년에 기업 가치 10억 달러 이상인 비상장 스타트업 91개 중 50개를 창업했고, 그 기업들의 총 가치는 무려 2,480억 달러에 이른다.

STEM 분야와 새로운 비즈니스에 이민자들이 널리 퍼지면서 이들은 미국을 발전시키는 원동력으로 자리 잡았다. 출원된 특허 수를 기준으로, 1880년부터 1940년까지 가장 많은 특허를 발표한 10개 국가는 그렇지 않은 10개 국가보다 거의 12배 많게 이민자를 영입했다. 이들 국가는 1인당 발명가 비율이 6배, 1인당 특허는 8배나 더 높았다. 스탠퍼드 경영대학원의 한 연구자에 따르면, 1976년부터 2012년까지 미국 이민자는 미국 발명가의 16%, 신규 특허의 23%, 전체적인 혁신 창출의 30%를 차지했다.

하버드 경영대학원의 윌리엄 커William Kerr 교수는 "고숙련 이민자

구글의 창업자 세르게이 브린

는 분명히 미국 혁신의 필수적인 부분"이라고 밝혔다. 고숙련 이민자들은 과학적 연구, 기술 개발, 스타트업 및 기업가정신을 주도하고 있다.

　코로나 팬데믹 초기 때 백신 개발에 전 세계의 이목이 집중되었는데, 미국 이민자들은 의료와 생명공학 분야에서도 주도적인 역할을 수행하고 있다. 미국 의료진 중 외국 태생이 압도적으로 많다. 또한 코로나바이러스 백신 개발을 주도한 모더나와 화이자는 이민자들이 설립한 기업이다.

　미국에게는 그리 달갑지 않은 소식이지만 지금 유럽연합도 고도도 숙련된 이민자를 받아들이기 위해 조치들을 취하고 있다. 지난 30년 동안 전 세계 이민자 수는 1억 5,300만에서 2억 7,200만으로 증가했으며, 그들의 교육 및 기술 수준은 훨씬 더 빠르게 향상되었다. 2000년부터 2015년까지 OECD 국가로 유입되는 이민자 중 대학 교육을 받은 이민자의 수는 2천만 명 이상 증가한 반면 저학력 이민 자의 수는 5백만 명 정도 증가했다.

인구 증가, 노동 공급 및 경제 확장을 위해 오랫동안 이민자에 크게 의존해 온 국가들은 최근에는 하이테크 기술을 가진 사람들뿐 만 아니라 더 많은 기업가들을 유치하기 위해 정책을 수정하고 있다. 예를 들어, 캐나다는 이민자를 까다롭게 받아들이는 것으로 유명한 데, 최근 캐나다 창업 자금을 들고 오는 이민자에게 즉시 영주권 자 격을 부여하는 창업 비자 프로그램을 만들었다.

호주도 이 대열에 가세했다. 최근 몇 년 동안 호주는 글로벌 인 재를 영입하기 위해 새로운 프로그램을 시행했다. 창업 아이디어와 첨단 기술을 갖춘 개인이 후원자 없이도 이민 비자를 신청할 수 있 도록 장려하는 프로그램을 만들었다. 이 프로그램에는 시드스테이 지 스타트업을 시작하기 위해 외국 기업가를 모집하는 프로그램이 포함된다.

독일 또한 이미 이민 정책을 수정했고, 일본과 중국 등 역사적으 로 이민에 제한적인 정책을 펼친 국가들도 고도로 숙련된 이민자들 을 영입하기 위해 새로운 정책을 펼치고 있다.

이러한 추세를 고려한다면 앞으로 미국은 글로벌 인재영입 전쟁 에서 최강자가 될 거라고 안심할 수 없을 것이다. 현재 미국의 이민 정책은 다음과 같다.

전문화된 근로자를 위한 H-1B 비자

첫째, 고도로 숙련된 이민자들의 이민 신청이 증가함에도 불구하고 전문화된 근로자를 위한 H-1B 비자와 I-485 고용 기반 영주권의 한도는 1990년 이후 크게 변하지 않았다. 그 한도는 2004년에 65,000개로 설정되었으며, 미국 의회는 미국 대학에서 고급 학위를 받으려는 사람을 위해 20,000개의 추가 비자를 승인했다. 이러한 제한으로 인해 신규 및 기존 임시 취업 비자에 대한 거부율이 최근 몇년 동안 증가했고, 미국 영주권을 원하는 이민자의 청원 '거부' 및 '보류' 상태도 증가했다. 2015년부터 2019년까지 H-1B 비자 신청 거부율은 약 6%에서 20% 이상으로 급증했다. 미국에서 영구 거주를 원하는 이민자의 청원 거부율도 3%에서 12%로 증가했다.

둘째, 정책 및 규제가 변경됨에 따라 비자 및 영주권 신청 절차가 더 까다로워졌다. 고용 기반 영주권 신청 처리 시간은 지난 4년 동안 6.8개월에서 14개월 이상으로 두 배 이상 증가했다. 이처럼 처리 시간이 지체되면서 기업의 고용에 불이익을 안기고 미국 대학의 유학생 등록을 방해했다. 더 간단히 말하자면, 외국의 두뇌들이 미국에서 일하고 머무르는 것이 더 힘들어졌다.

셋째, 이러한 가운데 OECD 국가들이 글로벌 인재영입 전쟁에 뛰어들면서 미국 대학이 최고의 유학생들을 점점 유치하지 못하고 있다. 2019년에는 대부분의 미국 대학들의 신규 유학생 수가 감소했다고 보고했다. 국제 교육 연구소Institute of International Education에 따르면, 전체 학생 중 신규 유학생 수는 2017년 6.6%, 2018년 0.9%로 감소했다. 반면에 중국 대학들의 신규 유학생 등록 점유율은 3%에서 9%로 증가했으며, 호주와 캐나다 대학들은 더 높은 비율을 나타냈다.

그러자 미국의 저명한 기술자와 경영진, 학자들은 미국이 글로벌 인재영입 전쟁에서 점점 경쟁력을 잃어가고 있다고 우려하고 있다. 미국은 왜 이민자를 받아들이는 데 주저하고 있는 것일까? 두 가지 이유 때문이다. 첫째, 국가안보 때문이다. 적대 국가 출신의 고숙련 인재를 도끼눈을 뜨고 노려보기 때문이다. 둘째, 미국 토박이 노동자의 일자리를 빼앗을까 우려해서다.

그럼에도 불구하고 미국은 인적 자본으로 발전해 온 국가이니만큼 고도로 숙련된 이민자를 유치하기 위해 변화를 모색할 것이다. 이러한 추세를 감안해 우리는 다음과 같은 예측을 내려 본다.

첫째, 주요 선진국은 고도로 숙련된 이민자들을 받아들이기 위해 이민 규제를 완화할 것이다. 물론 외국 출신의 연구원과 유학생은 기업 비밀과 연구 데이터 및 특허 정보를 불법으로 유출할 수도 있을 것이다. 그러면 당연히 이민자를 받아들인 국가에 큰 손해를 떠안긴다. 그러나 이러한 행위를 일삼는 사람은 소수에 불과하기에, 인재를 영입하는 데 방해가 되는 규제들을 갈수록 완화할 것이다. '빈대 잡으려다 초가삼간을 태우는 우를 범해서는 안 된다'는 것을 각국의 정책 담당자들은 잘 알기 때문이다.

둘째, 앞으로 10년 동안 미국에서 전체 이민자의 수가 크게 늘지는 않겠지만 고도로 숙련된 신규 이민자는 50% 증가할 것이다. 2019년에 그린카드를 포함해 영주권을 부여받은 약 100만 명 중 54,000명만 숙련 노동자로 분류되었다. 이는 연간 할당되는 85,000개의 임시 취업 비자를 고려하면 미국 노동 시장에서 차지하는 비중이 매우 낮은 편이다. 그러니 미국 전체 일자리를 위협할 만큼 문제되지 않는다. 오늘날 하이테크 산업에 몸담고 있는 미국 기업들이 숙련된 노동자가 부족하다며 고통을 호소하고 있는데, 고도로 숙련된 이민자를 영입하면 이 문제를 해결할 수도 있다. 따라서 미국 정부는 미국 내에 발생할 피해를 최소화하면서 고도로 숙련된 이민자를 받아들여 막대한 이익을 실현할 수 있는 일련의 정책을 조만간 발표할 것이다.

미국 의회는 고용 기반 영주권, 특히 EB-1 또는 EB-2 분류와 같은 숙련된 기술력을 가진 사람들을 위해 이민 한도를 늘릴 수 있다.

앞으로 미국 정부는 다음과 같이 이민 정책을 개혁할 수 있을 것이다. 우선 글로벌 인재가 미국에서 일하고 체류할 수 있는 기회를 늘리기 위해 일련의 개혁을 시행할 수 있다. 첫 번째 단계로 의회는 고용 기반 영주권, 특히 EB-1 또는 EB-2 분류와 같은 숙련된 기술력을 가진 사람들을 위해 이민 한도를 늘릴 수 있다. 그리고 특정 직업이나 기술을 보유해 임시 비자를 받은 사람들이 영주권을 받는 데 드는 시간을 줄일 수도 있다.

또 인재를 가장 필요로 하는 곳에 제공하기 위해 고안된 소위 '하트랜드 비자heartland visa'에 우선권을 줄 수 있다. 인적 자본을 전국적으로 분배하여, 다른 지역에 비해 유난히 인재난에 시달리는 지역을 성장시키는 데 도움을 줄 것이다.

마지막으로 미국 정부는 STEM 분야에서 학위를 취득한 유학생에게 장기 비자 또는 영주권을 제공할 수도 있다.

제2부

신성장 산업

인공지능,
신제품 개발을 앞당기고
비즈니스에도 이용된다

인간이 수행하는 과학 실험과 발견에는 한계가 존재하지만 인공지능과 컴퓨팅, 로봇을 통한 과학 실험과 발견에는 한계가 없다. 오늘날 새로운 과학 실험과 발견이 이미 시작되었다. 현재 어떤 일이 일어나고 있을까?

지금부터 2030년대 중반까지 유비쿼터스 네트워크 컴퓨팅, 인공지능, 양자컴퓨팅, 로봇공학이 융합된 자동화가 과학자들과 기업에 큰 도움을 줄 것이다.

　미국을 살펴보자. 끊임없는 기술 혁신으로 미국의 1인당 GDP(오늘날 달러로 환산)는 연간 약 1,300달러에서 65,000달러로 높아졌다. 이 전례 없는 상승은 수차례의 산업혁명으로 이루어진 것이다.

4차산업혁명을 이끄는 핵심 원동력은 '인공지능'으로 알려진 '머신 러닝'이다. 머신 러닝은 이미 구글의 검색엔진과 아마존의 알렉사, 애플의 최신 아이폰에 구현되었다. 그리고 이제 머신 러닝은 과학 연구에도 혁명을 일으키고 있다. 머신 러닝으로 새롭고 중요한 과학적 발견을 더 빠르고 저렴하게 할 수 있을 것이다. 과학 연구는 이미 머신 러닝을 활용해 더 나은 환경을 제공하고 있다. 이에 따라 과학자, 소비자, 투자자에게 어떤 변화가 일어날지 살펴보자.

우선 이 혁명을 이해하려면 '과학적 발견 주기의 5단계'를 이해해야 한다.

1단계: 과학 문헌을 탐색한다. 많고 많은 자료의 바다에서 관련 과학 논문을 식별하는 동시에 새로운 것이 등장할 때마다 이를 추적하는 것이다.

2단계: 실험을 설계한다. 이 단계에서는 가설을 공식화하고 테스트 방법을 결정한다. 비즈니스 전략과 마찬가지로 실험적 설계는 나머지 연구를 안내하는 실행, 투자, 메트릭스를 결정한다. 핵심은 새로운 방법을 탐색하고, 새로운 방법과 이미 알려진 방법 사이에서 적절한 절충안을 찾는 것이다.

3단계: 실험을 실행한다. 수백만 개의 데이터와 그 관계를 추적하는 것이다. 예를 들어 생명과학의 경우 다양한 분자와 세포에 대한 실험이 포함된 수천 개의 작은 튜브를 오염을 피하면서 정해진 기간 동안 세심하게 모니터링하는 것이다.

4단계: 데이터를 해석한다. 이 단계에서는 실험을 통해 도출된 데이터들을 이해하는 것이 포함된다. 예를 들어 생명과학에서는 수 테라바이트의 유전학 및 생화학 정보를 포함할 수 있다. 그 단계는 실험 결과를 과학적 발견으로 변환하는 데 목적이 있다. 이 단계에서 연구자는 가설이 정량적으로 확인되었는지 또는 거부되었는지를 결정한다.

5단계: 새로운 과학 논문을 작성하거나 특허를 신청한다. 이 단계에서 연구원들은 1단계에서 확인되었는지 여부와 관계없이 모든 관련 선례를 인용했는지 확인한다. 이후 동료의 검토가 완료되면 연구 결과가 과학 문헌에 추가되어 다른 연구자가 인용할 수 있게 된다.

문명의 여명기부터 1980년대까지, 이 5단계는 고된 수작업을 통해 이루어졌다. 이후 과학 문헌이 컴퓨터에 저장되고 대규모 데이터의 통계 분석을 널리 사용할 수 있게 되었으며, 실험자들은 데이터를 구축하기 위해 디지털 기기를 더 많이 사용하게 되었다. 그리고 2015년 이후 이러한 디지털 솔루션으로 과학적 발견에 드는 비용이 저렴해지고 연구 속도가 빨라지게 되었다.

2015년 이후부터 인공지능, 빅데이터, 로봇공학을 연구에 적용해 비약적인 발전을 이루게 되었다. 이 기술들을 활용해 인간이 하던 연구를 자동으로 하게 되었다. 인공지능은 인간이 처리할 수 있는 것보다 훨씬 더 많고 난해한 데이터들의 '패턴을 보고', '이상을 발견'할 수 있을 때까지 종종 대규모 '훈련 데이터' 세트에서 스스로 학습한다. 이 새로운 패러다임이 어떻게 결실을 맺을지 알아보기 위해, 인공지능이 신약 개발을 변화시킨 몇 가지 사례를 살펴보자.

첫째, 인공지능은 방대한 양의 데이터를 분석해 인간이 식별하기에는 너무도 복잡한 데이터 세트의 패턴을 식별할 수 있다.

둘째, 인공지능은 이러한 데이터를 기반으로 예측하며, 새로운 약물의 영향력을 빠르고 정확하게 파악한다.

셋째, 인공지능은 자연어 처리를 사용해 이질적 정보와 데이터 세트를 결합해 연구자에게 놀라운 통찰력을 제공할 수 있다. 여기에는 모든 관련 과학 저널이 포함된다.

넷째, 새로운 약물을 발견할 때는 약물이 표적으로 삼을 수 있는 단백질 구조를 이해하는 과정이 필요하다. 이 구조는 실험을 통해 식별할 수 있지만 그 과정에서 시간과 비용이 많이 소모된다. 구글 딥마인드DeepMind는 최근 단백질 구조를 매우 정밀하게 예측할 수 있는 인공지능 플랫폼 알파폴드AlphaFold를 출시했다. 알파폴드는 신약 개발 시 잠재적인 약물 표적의 새로운 데이터 세트를 예측할 수 있다.

구글 딥마인드DeepMind는 최근 단백질 구조를 매우 정밀하게 예측할 수 있는 인공지능 플랫폼 알파폴드AlphaFold를 출시했다.

다섯째, 생물학적 시스템은 매우 복잡한 상호 네트워크로 구성된다. 그 시스템이 복잡하기 때문에 약물이 어떻게 부작용을 일으킬지 예측하기가 매우 어렵다. 이-테라퓨틱스E-therapeutics는 인공지능을 이용해 복잡한 네트워크를 모델링 및 분석하고, 생물학적 시스템을 시뮬레이션해 환자의 치료법으로 개발한다. 이러한 방식은 많은 비용이 소모되는 임상 시험의 단계를 줄이는 데 도움을 준다.

이처럼 인공지능이 등장한 지 얼마 안 되었지만 이미 새로운 약물을 발견하는 데 혁명을 일으키고 있다. 연구에 소모되는 각종 비용을 크게 줄이고, 개발 일정도 크게 줄일 수 있다. 현재 세계 곳곳에서 인공지능 공급업체와 약물 개발자 사이에 많은 파트너십이 체결되었다. 덕분에 다양한 인공지능 기반 신약 개발 플랫폼에 벤처 캐피탈의 자금이 유입되고 있다. 신약 개발이 더 빠르게 이루어지고 더 저렴한 약물을 개발하게 되면서, 지난 10년 동안 많은 신생 기업들이 설립되었다. 수많은 기업이 대규모 투자를 받고 대형 바이오 제약 회사와 파트너십을 구축했다. 그렇다면 어떤 회사가 신약 개발에 인공지능을 이용하고, 누가 이 개발을 지원하고 있을까? 몇 가지 사례를 살펴보자.

베네볼런트AIBenevolentAI는 머신 러닝을 이용해 정보의 바다에서 생물 의학 관련 데이터를 찾아내는 '지식 그래프'를 생성한다. 인간이 일일이 정보의 바다에서 원하는 데이터를 찾아내는 것은 데이터가 워낙 방대하고 복잡하기 때문에 어려울 수밖에 없는데, 머신 러닝을 활용하면 그러한 불편을 크게 줄일 수 있다. 머신 러닝으로 약물의 표적을 식별하고 리드 분자를 새로 개발할 수 있으며, 이미 알려진 약물의 용도를 변경하는 데도 사용할 수 있다. 베네볼런트AI는 류마티스 관절염 치료제인 바리시티닙Baricitinib이 코로나19 치료제가 될 수 있음을 확인했다. 이후 FDA는 코로나 환자들을 치료하기 위해 바리시티닙의 사용을 승인했다. 한편 베네볼런트AI는 아스트라제네카AstraZeneca와 파트너십을 체결하고 베네볼런트AI의 플랫폼과 아스트라제네카의 의학적 전문 지식 및 대규모 데이터 세트

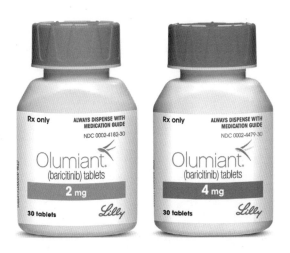

베네볼런트AI는 머신 러닝을 이용해 류마티스 관절염 치료제인
바리시티닙Baricitinib이 코로나19 치료제가 될 수 있음을 확인했다.

를 결합했다. 이들은 2021년 1월 만성신장질환의 새로운 표적 치료
법을 발표했다.

레커전Recursion이라는 회사는 분자 치료로 인한 세포의 미묘한
변화를 식별하기 위해 머신 비전machine vision(사람이 눈으로 보고 뇌에서 판
단하는 것을 카메라와 영상인식 알고리즘이 대체한 시스템)을 이용한다. 머신 비전
을 통해 신약 개발을 더 빠르고 저렴하게 할 수 있다. 방대한 양의 실
험 데이터를 신속하게 분석할 수 있기 때문이다. 머신 비전을 활용해
매주 150만 건에 이르는 실험을 자동화된 로봇 실험실에서 할 수 있
다. 이 회사는 4개의 신약을 임상 1상 시험 중인데, 바이엘과 지속적
인 파트너십을 맺고 있다. 2021년 4월에 레커전은 4억 3,600만 달러

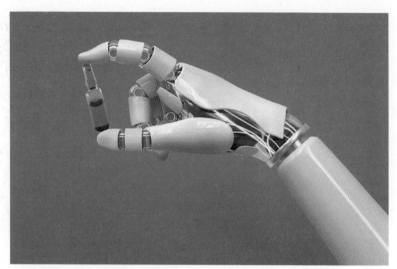

알파벳Alphabet은 아이소모픽 랩스Isomorphic Laboratories를 설립하겠다고 발표했다.

규모의 주식을 나스닥에 상장했다.

현재 새로운 약물을 개발하고 승인하기까지는 약 26억 달러 이상의 비용과 최소 10년의 시간이 소모된다. 인공지능을 활용한 신약 개발 기술은 아직 초기 단계지만 신약 개발에 혁명을 일으킬 것은 의심의 여지가 없다.

2015년 이후 인공지능 서비스업체와 제약업체 간에 약 100개의 파트너십이 체결되었다. 2021년 11월, 구글의 지주회사인 알파벳Alphabet은 신약 개발에 "인공지능을 우선적으로 제공하겠다"고 하면서 구글딥마인드의 분사 아이소모픽 랩스Isomorphic Laboratories를 설립하겠다고 발표했다.

이처럼 제약 산업에는 변화의 바람이 불고 있는데, 이러한 변화는 다른 분야에도 나타나고 있다. 재료 과학, 화학 등 여러 과학 분야에 인공지능과 빅데이터 등을 융합한 자동화가 적용되고 있다. 자동화된 과학 연구는 농업, 운송, 항공우주, 건설, 에너지, 서비스 등 다양한 산업을 변화시킬 수 있다.

이러한 추세를 감안해 우리는 다섯 가지를 예측해 볼 수 있다.

첫째, 과학 연구가 자동화되면서 2030년부터 '신소재의 홍수'가 발생할 것이다. 자동차, 포장, 건설, 농업과 같은 다양한 산업에서 생산성을 높이려면 더 나은 신소재가 필요하다. 지금까지 신소재를 발견하기 위해 연구자들은 새로운 분자를 생성한 다음 원하는 특성에 대해 순차적으로 각각을 테스트하는 과정을 거쳤다. 이러한 과정은 평균 20년이 걸리고, 이로 인해 대부분의 기업 연구소는 고비용과 고리스크를 감수해야 했다. 하지만 이제 그럴 필요가 없다. 다음과 같은 일이 벌어지기 때문이다.

- 분자의 구조를 정확하게 파악하고 새로운 디자인을 만드는 컴퓨터 프로그램 활용
- 이러한 분자를 만들고 테스트하는 로봇 활용
- 원하는 특성을 가진 재료를 생산하기 위한 분자 테스트와 디자인 조정 등의 업무에 소프트웨어와 로봇을 함께 활용

이미 토론토대학의 연구원들은 인공지능, 로봇공학, 컴퓨팅을 이용해 이를 실현하고 있다. 이들 연구실의 중앙에는 트랙을 따라 앞뒤로 움직이는 로

봇, 질소로 채워진 유리, 금속 인클로저(울타리를 친 장소)가 있다. 로봇은 인클로저의 측면에 있는 금속 용기에서 분말과 액체를 선택하고 여러 반응기 중의 하나에 한 치의 오차 없이 내용물을 넣을 수 있다. 로봇은 24시간 연중무휴로 화학 물질을 혼합하는 지칠 줄 모르는 실험실의 조수다. 이 로봇은 12시간마다 40개의 화합물을 만들 수 있다. 로봇 외에도 후보 분자를 식별하는 켐오에스ChemOS라는 소프트웨어도 활용한다. 또 다른 프로그램은 켐오에스를 로봇에 연결해 후보 분자를 합성하도록 지시한다.

이 시스템은 생산 과정이 완전히 자동화된 것이 특징이다. 화학 반응을 거쳐 생성된 액체는 플라스틱 호스를 통해 작은 냉장고 크기의 분석 기계로 흘러 들어가 원치 않는 부산물을 분리해낸다. 그런 다음 테스트 로봇이 정제된 액체의 속성을 자동으로 확인한다. 그 다음으로 로봇은 실험 결과를 켐오에스 프로그램에 입력하고, 인공지능은 해당 실험 결과를 스스로 학습하며 즉시 새롭고 더 나은 후보 분자 슬레이트를 생성한다. 그런 다음 여러 차례의 예측 끝에 합성 및 테스트의 결과 값이 나타난다.

이와 같이 자동화된 시스템은 화학 연구자들에게 매우 매력적이다. 밴쿠버대학, 뉴욕시티칼리지대학, 일리노이대학 어바나-샴페인Champaign-Urbana, 글래스고대학 등은 현재 이런 시설들을 마련하고 있다. 이러한 시설이 대학과 기업 R&D 센터에 등장함에 따라 고성능 신소재를 쉽고 빠르게, 저렴한 비용으로 개발하게 것이다.

둘째, 기업이 SaaSSoftware-as-a-Service에 의존하는 것처럼, 많은 기업들

에머랄드 클라우드 랩스Emerald Cloud Labs 는 최첨단 로봇 연구소를 운영한다.

이 연구와 관련된 시간, 비용 등을 획기적으로 줄이기 위해 완전 자동화된 원격 연구실을 만들 것이다. 클라우드 기반 원격 연구실은 실험의 속도, 비용, 품질 등을 획기적으로 개선할 수 있다. 에머랄드 클라우드 랩스Emerald Cloud Labs, 트랜스크립틱Transcriptic 과 같은 회사는 최첨단 로봇 연구소를 운영한다. 완전 자동화된 멸균 실험실을 운영하기 위해서는 백만 달러 이상을 투자해야 하는데, 규모가 작은 신생 기업은 그러기가 쉽지 않다. 이들 기업이 원하는 실험을 로봇 연구소가 대신 실행하고 실험의 최종 결과를 제공한다. 이러한 연구 서비스를 이용하는 스타트업이 엔젤 또는 벤처 캐피탈 자금을 지원받으면 대기업 연구센터와 경쟁할 수 있게 될 것이다.

셋째, 인공지능은 기업의 신제품 개발에 가장 큰 영향을 끼칠 것이다. MIT 연구자들은 최근 "수일 만에 1억 개 이상의 화학 화합물을 스크리닝할 수 있는 컴퓨터 모델이 기존 약물과 다른 메커니즘을 이용해 박테리아를 죽

이노뱃 InoBat 은 인공지능 플랫폼을 활용해 이전보다 10배 빠르게 다양한 리튬 배터리 화학물질을 분석하고 있다.

이는 잠재적인 항생제를 선별하도록 설계됐다"고 발표했다. 마찬가지로 〈와이어드 Wired〉 지는 미국에서 개발한 인공지능 플랫폼을 활용해 이전보다 10배 빠르게 다양한 리튬 배터리 화학물질을 분석하고 있는 회사 이노뱃 InoBat 에 대해 보도했다. 그러나 이러한 사례는 앞으로 인공지능을 활용할 사례의 '빙산의 일각'에 불과하다. 인공지능 기술은 아직 초기 단계이기 때문에 주로 과학 실험실과 대기업 연구소에서만 활용되고 있는데, 앞으로는 중소기업과 벤처기업도 이 기술을 활용해 신제품을 개발할 수 있을 것이다.

넷째, 인공지능이 발전함에 따라 인공지능 시스템이 비즈니스에 더욱 폭넓게 적용될 것이다. 알고리즘이 개선되고 계산 능력과 데이터 저장 용량이 지속적으로 향상되면서 인공지능은 일부 '선도 기업이 사용하는 도구'에서 모든 기업이 '경쟁 우위의 확보 수단'으로 활용될 것이다. 가트너의 연구에 따르면, 인공지능은 기업 경영에 필요한 비용을 2019년 30% 줄여주었다. 앞으로 인공지능을 활용하지 못하는 기업들은 고객들이 원하는 개인맞춤형 저비용 제품과 서비스를 제공할 수 없을 것이다.

다섯째, 인공지능은 지식 근로자들의 생산성을 향상시킬 것이다. 〈테크 리퍼블릭TechRepublic〉에 따르면, 캔쇼Kensho라는 신생기업은 방대한 병렬 통계 연산, 자연언어 입력, 빅데이터, 머신 러닝을 이용해 복잡한 금융 관련 질문을 쉽게 설명하는 시스템을 개발했다. 이는 월스트리트와 여의도 등 여러 금융가가 비싼 몸값을 주고 고용한 애널리스트들의 일자리를 위협할 것이다. 하지만 가까운 미래에는 인공지능 시스템이 고도로 숙련된 인간 노동자를 대신하지는 않을 것이다. 그보다는 전문가들과 함께 운영되면서 그들의 능률을 향상시키는 역할을 할 것이다.

서비스 로봇,
집안일도 하고 간호도 한다

로봇이 집안일도 돕고 간호도 해준다면 얼마나 좋을까? 이런 일들이 실제로 벌어지고 있다. 현재 어떤 로봇들이 나오고 있고, 앞으로는 어떤 로봇이 등장할까?

SF 영화를 보면서 사람들은 집안일을 돕는 서비스 로봇을 상상해왔다. 오늘날 로봇공학자들은 이런 로봇을 실제로 개발하고 있다.

머신 러닝Machine Learning으로 로봇은 스스로 학습하여 새로운 지식을 얻어낼 수 있다. 예를 들어, 가사 도우미 로봇에게 식탁을 차리는 것과 같은 일상적인 집안일을 하는 방법을 보여주면, 그 일을 시작하게 할 수 있다. 일터에서 로봇에게 특정 업무를 수행하는 방법을 보여주면, 그 일을 시킬 수 있다. 자율주행차는 인간 운전자들이 운전하는 모습을 관찰하면서 안전하게 운전하는 방법을 배울 수 있다. 즉, 로봇은 사람이 하는 방식을 관찰하며 스스로 학습할 수 있다.

서던캘리포니아대학교University of Southern California의 연구자들은 로봇에게 시킬 일을 시연하면 복잡한 작업을 스스로 학습할 수 있는 시스템을 개발했다. '신호 시간 논리를 활용한 시연 학습Learning from Demonstrations Using Signal Temporal Logic'으로 명명된 이들의 연구 결과는 2020년 11월 '로봇 학습 컨퍼런스the Conference on Robot Learning'에 발표되었다.

USC 연구자들이 개발한 이 시스템은 로봇에게 시킬 일을 몇 번만 시연하면 스스로 해야 할 일을 충분히 학습한다. 사실 인간이 하는 일들 중에는 완벽하지 않은 것들도 많다. 글씨를 쓰더라도 예쁘게 잘 쓸 수도 있고 엉망으로 쓸 수도 있다. 로봇은 인간이 시연하는 일들을 지켜보며, 어떤 일이 옳은 일이고 어떤 일이 그른 일인지 스스로 판단하며 일을 수행한다.

USC 연구자들은 로봇으로 하여금 시연의 품질을 스스로 평가하게 하고, 순위를 자동으로 매기게 하는 STL Signal Temporal Logic을 통합함으로써, 이러한 일들을 가능하게 만들었다. 예를 들어, 인간이 정지 신호를 무시하는 운전 시연을 한다면 로봇은 이 일을 따라하지 않는다. 반대로 브레이크를 밟는다면 이 일을 따라한다. 앞으로 USC 연구자들은 이러한 시연을 통해 로봇을 효율적으로 학습시킬 수 있도록 계속 연구할 것이다.

한편, 존스홉킨스대학교 연구팀은 '긍정적 강화positive reinforcement'로 로봇을 훈련시키는 방식을 개발했다. 이 방식은 간식을 이용해 강아지의 행동을 교정할 때도 이용된다. 이 방식으로 연구팀은 로봇의 학습 능력을 극적으로 향상시켰다. 고도로 직관적인 두뇌를 가지고 태어난 인간과 동물과 달리 컴퓨터는 백지 상태에서 모든 것을 처음부터 학습해야 한다. 그러나 인간이나 동물 모두 실제 학습은 종종 시행착오를 통해 이루어지며, 로봇도 실수로부터 교훈을 얻어낸다.

존스홉킨스대학교 연구팀은 강아지에게 쿠키를 주며 과제를 수행하게 하는 것과 같은 방식으로, 로봇에게 과제를 잘 수행하면 보상해주는 시스템을 고안했다. 강아지는 과제를 잘 수행하면 쿠키를 얻을 수 있는 반면 로봇은 점수를 얻는다. 예를 들어, 연구팀은 스팟Spot이라는 로봇에게 블록 쌓기를 가르쳤는데, 스팟은 블록을 탐색하면서 쌓기와 관련된 올바른 행동을 하면 높은 점수를 얻었지만 잘못된 행동을 하면 아무 것도 얻지 못했다는 것을 빠르게 학습했다. 스팟은 블록을 4층이나 쌓는 데 성공했다.

이 훈련 방법은 기존에 로봇을 가르치는 데 몇 주가 걸리던 일을 단 이틀로 단축시키는 결과를 이끌었다. 스팟은 더 높은 점수를 '원하도록' 프로그래밍되어 있다. 따라서 최고의 보상을 얻기 위한 올바른 행동을 빠르게 학습했다. 다른 접근 방식을 사용하면 스팟이 블록을 100% 정확히 쌓는 데 한 달이 걸리겠지만, 긍정적 강화 방식을 활용하니 이틀 밖에 걸리지 않았다.

연구팀은 이러한 방식을 활용하면 가정용 로봇이 세탁과 설거지를 하도록 훈련시킬 수 있을 거라고 기대하고 있다. 또한 자율주행차의 성능을 개선하는 데도 도움이 될 수 있다. 존스홉킨스대학 연구팀의 최종 목표는 제품 조립, 노인 돌보기, 심지어 수술과 같은 매우 복잡한 일을 수행할 수 있는 로봇을 개발하는 것이다.

영국 케임브리지대학교 연구팀은 오믈렛을 만드는 로봇 요리사를 개발했다. 오믈렛은 누구나 만들 수는 있지만 잘 만들기는 어려운 요리 중 하나이다. 연구팀은 영국의 가전업체 베코Beko와 협력해 로봇 요리사가 계란을 깨는 것부터 완성된 요리를 접시에 올리는 '플레이팅'까지 모든 단계를 수행해 오믈렛을 준비하도록 훈련시켰다.

이들이 개발한 머신 러닝 기술은 베이지안 추론Bayesian inference이라는 통계 도구를 사용한 것이다. 베이지안 추론은 실험을 통해 추가 정보를 얻은 다음, 베이지안 정리Baye's Theorem를 사용하여 가설 확률을 업데이트하는 통계적 추론 방법이다. 최근 인공지능 분야에서는 사전 데이터로부터 배운 지식을 추가 데이터로 조건에 맞게 업데이트할 때 이 베이지안 추론을 사용하고 있다.

그렇다면 로봇 요리사는 어떤 평가를 받았을까? 로봇 요리사가 만든 오믈렛은 훌륭한 맛이 났다. 연구팀이 예상한 것보다 훨씬 더 맛이 좋았다! 이러한 연구 결과는 머신 러닝을 이용해 로봇이 음식을 만드는 방법을 정량적으로 개선할 수 있음을 보여주었다. 이러한

영국 케임브리지대학교 연구팀은 오믈렛을 만드는 로봇 요리사를 개발했다.

접근 방식을 여러 로봇 요리사에게 활용하면 많은 식당에서 로봇 요리사를 만나볼 수 있을 것이다.

이 연구 결과는 〈IEEE 로봇 자동화 레터스IEEE Robotics and Automation Letters〉에 실렸으며, IEEE 국제 컨퍼런스IEEE International Conference on Robotics and Automation에서도 소개되었다.

대중 시장을 겨냥한 상업용 로봇은 10년 후에 등장할 것으로 예상되는데, 그전에는 헬스케어 산업에서 로봇이 활용될 것이다. 현재 일부 병원에서는 환자를 안전하게 들어올리기 위해 외골격 로봇이 이용되고 있으며, 병원 복도를 스스로 오가는 환자 이송용 로봇도 있다. 또 인형처럼 생긴 치료 로봇이 '방향 감각 상실 치매 증상'으로 불안한 환자를 위로하며 진정시키고 있다. 그리고 인간 약사는 처방전을 작성할 때 로봇 조제 시스템과 함께 일하고 있다.

현재 미국에서는 약 백만 명의 환자들이 스스로 밥을 먹지 못하고 있다. 이들은 간병인의 도움을 받아 식사를 해결하고 있다. 워싱턴대학교의 연구팀은 사람이 먹고 싶어 하는 것을 먹여주는 로봇 시스템을 연구하고 있다. 이 로봇 시스템은 접시에 있는 다양한 음식을 식별하고 환자가 원하는 것을 포크로 집어 입에 넣어준다. 워싱턴대학교 연구팀은 이 연구 결과를 〈IEEE 로봇 자동화 레터스〉에 게재하고, ACM IEEE 국제 컨퍼런스에서 이를 공식 발표했다.

또 다른 헬스케어 로봇은 환자에게 옷을 입혀준다. 미국에서만 약 백만 명 이상이 부상, 질병, 고령 등으로 스스로 옷을 입지 못하고 있다. 이러한 문제를 해결하기 위해 조지아공과대학교Georgia Institute of Technology는 환자의 팔에 환자복을 성공적으로 밀어 넣는 로봇을 개발했다. PR2로 불리는 이 로봇은 인간의 팔에 환자복을 입히는 시뮬레이션 사례 약 11,000개를 분석해 하루 만에 스스로 학습을 완료했다.

시뮬레이션에 성공한 후 PR2는 사람들에게 옷을 입히려고 시도했다. 참가자들은 로봇 앞에 앉아 가운이 팔에 미끄러지듯 착용되는 모습을 지켜보았다. PR2는 시각 대신 촉각을 사용하는 시뮬레이션을 통해 학습한 내용을 기반으로 이 과제를 수행했다.

이 과정을 수행하면서 PR2는 스스로에게 물었다. '이 방식으로 가운을 당기면 사람의 팔에 어느 정도의 힘이 가해질까? 다른 방법

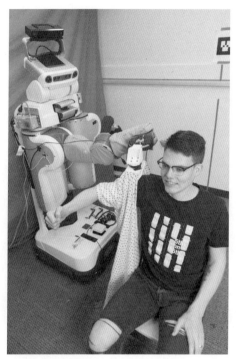

PR2는 환자의 팔에 환자복을 입히는 데 성공했다.

을 쓰면 어떤 일이 일어날까?'

산업용 로봇과 달리 서비스 로봇은 사람의 감정까지 읽어야 한다. 〈타임〉 지는 스티비Stevie를 사회성을 갖추고 사용자를 돕도록 설계된 '사회적 보조 로봇'이라고 소개한 바 있다. 4피트 7인치 높이의 이 로봇에는 자율주행 기능이 탑재되어 있다. 스스로 복도를 다닐 수 있지만 스티비는 주인 없이는 절대로 방을 떠나지 않는다. 스티비는 아마존Amazon의 알렉사Alexa와 유사한 음성 활성화 컨트롤을 지

스티비는 인간의 말과 행동을 살피며 언어로 응답한다.

니고 있으며 인간의 말과 행동을 살피며 언어로 응답한다. 예를 들어, 로봇에게 아프다고 말하면 LED 화면에 슬픈 표정을 지으며 앞으로 몸을 숙이고 "미안해요"라고 말한다. 스티비에게 칭찬을 하면 화면이 웃는 얼굴로 바뀐다. 쉬고 있을 때는 머리를 부드럽게 기울이고 갈색 눈을 깜박이며 참을성 있게 다음 명령을 기다린다.

스티비와 같은 '사회적 보조 로봇'은 병원이나 요양원에서 유용하게 쓰일 수 있다. 스티비는 몸에 장착된 터치스크린으로 식사 주문을 받으며 곳곳을 찾아갈 수 있다. 그리고 이 로봇은 "도와주세요"와 같

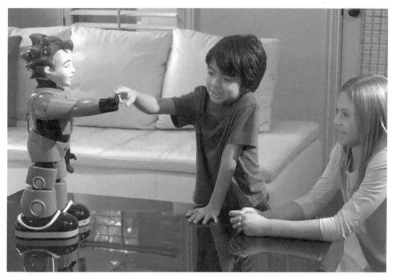

마일로Milo

은 음성 명령을 인식할 수 있기 때문에 의료진에게 환자가 곤경에 처한 것을 알릴 수도 있다.

사람들은 궁극적으로 로봇이 자신들과 함께 머물면서 상호작용하기를 원한다. 로봇과 친구가 되기를 원한다. 운송이나 배송을 하는 로봇도 많이 필요하겠지만, 사교성을 갖춘 로봇도 많이 필요해질 것이다.

사교성을 갖춘 로봇은 노인과 어린이뿐만 아니라 심신장애 환자들을 도울 수도 있다. 로보카인드RoboKind라는 기업은 마일로Milo라는 로봇을 만들었는데, 마일로는 자폐 스펙트럼 장애가 있는 어린이의 진행 상황 데이터를 수집한다. 동시에 어린이들이 감정을 표현하

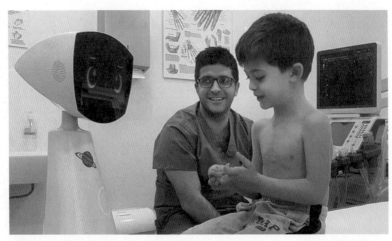

로빈

고 공감하는 방법에 대해 학습할 수 있도록 유도한다. 즉, 마일로는 로봇 친구이자 교사인 셈이다.

또 다른 사례도 살펴보자. 병원에 입원한 환자들은 정서적으로 불안을 느끼는 경우가 많은데, 이 문제를 해결하기 위해 엑스퍼 테크Expper Tech는 로빈Robin이라는 로봇을 개발했다. 로빈은 치료를 받는 아이들에게 정서적인 동반자가 되어준다. 로빈은 아이들에게 의료 절차를 설명해 주고, 함께 게임을 하며, 이야기도 들려준다. 연구팀은 로빈이 120명 어린이들의 스트레스를 34% 감소시키고, 행복을 26% 증가시킨다는 결과를 얻어냈다.

현재 지구촌은 고령화가 확산되고 있는데, 2050년 전 세계 65세 이상 인구는 16억 명이 될 것이며, 이는 현재보다 약 2배 증가한 수치다. 그로 인해 350만 명의 간병인이 더 필요한데, 환자와 소통할 수 있는 간병인 로봇이 등장하면 큰 도움이 될 것이다.

이러한 추세를 감안해 우리는 다음과 같은 예측을 내린다.

첫째, 서비스 로봇은 장기요양 시설에서 우선적으로 이용될 것이다. 하버드대학교의 클레이튼 크리스텐슨Clayton Christensen이 강조했듯이 파괴적 기술은 제품이나 서비스가 잘 제공되지 않는 시장에 가장 먼저 침투한다. 건강한 사람들은 많은 가사 일을 스스로 수행할 수 있다. 건강에 문제가 있더라도 부유한 사람들은 스스로 할 수 없는 일을 다른 사람을 고용해 해결할 수 있다. 그러나 장기요양 시설에 있는 사람들은 일반적으로 시설 직원들이 제공하는 것보다 더 많은 사회적 상호작용과 개인적 서비스를 원한다. 음식을 먹어야 하거나, 옷을 입어야 하거나, 장소를 이동해야 할 때, 서비스 로봇은 이들을 위해 연중무휴 봉사할 것이다.

둘째, 현재 도입된 헬스케어 로봇은 다목적 로봇이 아니라 한 가지 일만 수행하는 로봇이다. 여러 가지 일을 수행하는 헬스케어 로봇은 앞으로 수년 내에 상용화되기는 힘들고 당분간은 음식 먹여주기와 옷 입혀주기 등 한 가지 일만 수행하는 로봇이 등장할 것이다.

그리고 알렉사와 같은 스마트 비서가 점점 여러 기능을 통합하고 있는 것처럼 2030년에는 청소와 설거지, 빨래, 요리 등을 모두 수행하는 가정용 로봇이 개발될 것이다.

'우주가족 젯슨 Jetson'에는 여러 가지 일을 도와주는
하녀 로봇 로지 Rosie가 등장한다.

셋째, TV 만화 프로그램 '우주가족 젯슨 Jetson'에는 여러 가지 일을 도와
주는 하녀 로봇 로지 Rosie가 등장한다. 로봇공학의 발전 추세를 고려하면 로
지 같은 고급 가정용 로봇은 2030년까지 개발할 수 있겠지만, 초기 버전은
가격이 워낙 비싸기 때문에 2040년 이후에야 상용화될 것이다. 현재 개발 중
인 고급 가정용 로봇은 군사용 보병 로봇과 마찬가지로 해당 목적을 수행하
는 데 필요한 민첩성, 안정성, 내구성을 모두 갖추고 있다. 그러나 그것을 구
입하는 비용은 물론 유지하는 비용도 만만치 않다. 컴퓨터가 처음 등장했을
때 가격이 어마어마해서 기업들만 이용했던 것처럼 가정용 로봇이 상용화되
려면 시간이 꽤 걸릴 것이다.

양자컴퓨터,
8,500억 달러 규모의 시장을 선점하라

1982년 미국의 물리학자 리처드 파인만Richard Feynman이 처음 개념을 정립한 양자컴퓨터quantum computer는 얽힘entanglement이나 중첩superposition 같은 양자역학적인 현상을 이용해 자료를 처리하는 미래형 컴퓨터다. 기존 컴퓨터는 정보를 0과 1의 2진법으로 처리하지만 양자컴퓨터에는 0과 1 양쪽에 해당하는 '중첩 상태'가 있다. 기존 컴퓨터가 비트 단위로 정보를 처리하는 것과 달리 양자컴퓨터는 큐비트 단위로 정보를 처리하는데, 1큐비트는 0과 1의 값을 동시에 가지는 '중첩 상태'이다. 또 2큐비트는 4개의 조합된 정보(00, 01, 10, 11)를 동시에 선택한다. 이 성질을 응용하면 슈퍼컴퓨터보다 훨씬 빠른 속도의 연산이 가능하다. 129자리의 자연수를 소인수분해하는 데 기존 고성능 컴퓨터 1,600대로 8개월이나 걸리는데, 양자컴퓨터 한 대로 몇 시간 만에 연산이 가능하다. 그래서 양자컴퓨터는 '꿈의 기술'로 불리고 있다.

2019년 구글이 개발한 양자컴퓨터는 슈퍼컴퓨터가 1만 년 동안 풀어야 할 문제를 단 3분 만에 풀어냈다. 2019년 구글이 양자초월(양자컴퓨터가 슈퍼컴퓨터의 성능을 앞서는 단계)에 도달하자 1년 뒤인 2020년 중국과학기술대도 양자초월을 달성했다. 보스턴컨설팅그룹은 2040년 양자컴퓨터가 최대 8,500억 달러의 부가가치를 창출할 것으로 예상했는데, 신약 개발과 관련해 3,300억 달러, 비행경로 최적화와 자동운전과 같은 AI 분야에서 2,200억 달러의 부가가치를 창출할 것으로 예상했다. 그렇다면 현 시점에서 기업이나 기관들은 어떤 준비를 해야 할까?

현재 우리가 사용하는 컴퓨터는 무어의 법칙에 따라 끊임없이 발전하고 있지만 그 발전 속도에는 한계가 있다. 양자컴퓨터의 엄청난 잠재력에도 불구하고 현재까지는 양자컴퓨터에 투자하는 기업과 기관이 그리 많지는 않다. 보스팅컨설팅그룹은 "지금부터 2024년까지 양자컴퓨터는 연간 20억 달러에서 50억 달러 수준의 부가가치를 창출할 것"으로 예상했다. 그러나 2025년 이후 상업용 응용 프로그램이 개발되는 등 발전함에 따라 부가가치 창출은 더 빠르게 가속화될 것이다.

이 분야의 전문가들은 "2025년부터 첫 번째 수익이 발생할 것이며 '빅 양자 잭팟'은 10년 후에 터질 것"이라고 말한다. 그렇다면 우리는 무엇을 준비해야 할까?

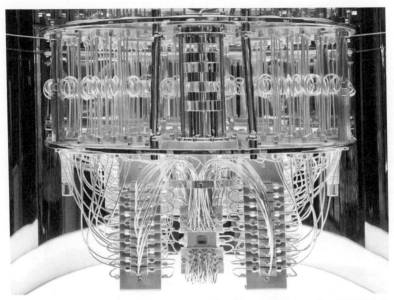

양자컴퓨터quantum computer는 얽힘entanglement이나 중첩superposition 같은 양자역학적인 현상을 이용해 자료를 처리하는 미래형 컴퓨터다.

IT 분야의 얼리 어답터라면 양자컴퓨터에 관심을 가지고 새로운 기회를 찾아야 할 것이다. 예를 들어, 신약 개발을 생각해 보자. 질병의 경로를 변형시키는 화합물을 설계하는 첫 번째 단계에서 과학자들은 분자의 전자 구조를 결정해야 한다. 그러나 우리가 현재 사용하는 컴퓨터로는 기저 상태에서 41개의 원자를 지닌 페니실린과 같은 약물의 분자 구조를 모델링하는 데만 약 1,086비트의 정보량이 필요하다. 이는 우주에 있는 원자보다 많은 양이다. 따라서 현재의 컴퓨터로는 신약 개발이 더딜 수밖에 없다. 반면에 양자컴퓨터는 이러한 실험을 수행하는 데 286개의 큐비트만 필요로 하기 때문에, 연구 기간을 엄청나게 앞당길 수 있다.

　양자컴퓨터는 신약 개발뿐만 아니라 신소재 개발, 금융 서비스, 기상관측, 에너지 생산 및 이용 등 여러 분야에 이용될 수 있다. 미국 행정부는 정파를 막론하고 양자컴퓨터의 잠재력에 주목해 왔다. 지난 10년간 버락 오바마, 도널드 트럼프, 조 바이든 대통령 모두가 미국의 양자컴퓨터 CEO들을 백악관으로 초청해 기술에 대한 설명을 들었다. 현재 개발 중인 양자컴퓨터의 발전 추이를 감안해 다음과 같은 예측을 내려 본다.

첫째, 양자컴퓨터는 앞으로 30년간 3단계로 발전할 것이다. 2025년까지는 '양자계 검증Noisy Intermediate-Scale Quantum, NISQ' 단계로 발전할 것이다. 이는 오류가 수정된 양자컴퓨터가 상용화되기 이전 단계로, 수십~수백 큐비트를 활용한 중간 규모의 양자컴퓨터를 개발할 것이다. 이 단계에서는 비교적 높은 오류율이 나타나지만 유용한 기능들을 점점 더 많이 보완할 것이다. 이 단계에서는 기존의 신경망과 다소 유사한 양자 휴리스틱을 활용할 가능성이 크다.

현재 IBM, 구글, 리게티Rigetti 등의 기업들은 양자계 검증 단계에서 오류율을 최대한 줄이기 위해 경쟁하고 있다. IBM은 2021년 12월 127큐비트 양자컴퓨터를 상용화했다. 마이크로소프트는 미국 캘리포니아에 위치한 스테이션Q를 비롯해 전 세계 8곳에서 양자컴퓨터 연구소를 운영하고 있다. 기후변화 등에 대비해 양자컴퓨터 기술을 개발하고 있는데, 양자컴퓨터 프로그래밍 언어인 '큐샵'을 활용해 독자적인 생태계를 구축하는 한편, 양자컴퓨터 전용 개발도구를 개발자들에게 무상으로 제공하고 있다. 구글은 53큐비트 양자컴퓨터를 개발했는데, 양자컴퓨터 스타트업 샌드박스AQ를 2022년 별도로 분사시켰다. 샌드박스AQ에는 알파벳(구글의 모회사)의 전 회장 에릭 슈미트와 세일즈포스닷컴의 창업자 마크 베니오프 등이 수억 달러를 투자했다.

한편, 2021년 10월 나스닥에 상장한 아이온큐IONQ는 21큐비트 양자컴

구글이 개발한 양자컴퓨터

퓨터를 개발하는 데 성공하고 조만간 31큐비트 양자컴퓨터를 공개할 예정인
데, 이 회사의 최고기술책임자CTO는 듀크대 전자컴퓨터공학과의 한국인 교수
인 김정상이다.

2025년부터 2035년까지는 실질적으로 다양한 산업에 이용되는 '광범
위 양자 이점Broad Quantum Advantage' 단계를 달성할 것이다. '양자 이점'은
양자컴퓨터가 기존의 컴퓨터에 비해 이점을 지닌다는 뜻이다. 이 단계에서는
기존 2진법 컴퓨터에 비해 엄청나게 빠른 속도를 자랑하며 진정한 양자 도약
을 이룩할 것이다. 또한 이 단계에서는 이전 단계에서 나타난 오류를 수정하
고 기술적 장애를 극복할 것이다. 자파타 컴퓨팅Zapata Computing과 같은 기업
들은 이미 이 단계에 대비해 시장을 선점하려 하고 있는데, 가장 먼저 양자 이
점 단계를 달성한 기업이 주도권을 가질 것이다.

자파타 컴퓨팅의 엔지니어들

　마지막으로 2035년부터 2040년까지는 '고장 허용 범위Full-Scale Fault Tolerance' 단계에 도달할 것이다. '고장 허용 범위'는 고장이 풀스케일로 발생해도 동작이 가능하다는 의미이다. 이 단계에 도달하면 양자컴퓨터는 광범위하게 각 산업을 변화시킬 것이다. 양자컴퓨터를 활용해 각종 암과 희귀질환 등을 완벽하게 치료하는 혁신적인 신약을 개발할 수 있고, 특수 화학물질을 개발할 수 있을 것이다. 또한 사람의 인체를 대상으로 임상 시험을 하는 것이 아니라 컴퓨터 시뮬레이션을 이용하는 생명공학 실험인 '인 실리코In Silico'의 생산성을 크게 높일 것이다. 인 실리코로 새로운 신약을 발견해 인류의 수명을 획기적으로 늘릴 것이다.

둘째, 양자컴퓨터는 2040년까지 여러 산업 분야에서 8,500억 달러의 이익을 발생시킬 것이다. 2050년까지 세계 주식 시장에서 양자컴퓨터 관련 주식은 13조 달러의 새로운 가치를 창출할 것이다. 보스턴컨설팅그룹에 따르면 양자컴퓨터 관련 시장은 2025년부터 2040년까지 기하급수적으로 성장할 것이다.

셋째, 가장 큰 승자는 가능한 한 빨리 기회를 선점한 이들이 될 것이다. 양자컴퓨터는 워낙 전문 분야라서 이 분야에 직접 뛰어들기는 어려운데, 이 분야에 직접 뛰어들지 않더라도 '양자계 검증 Noisy Intermediate-Scale Quantum, NISQ' 단계에서는 양자컴퓨터를 활용해 급성장할 업종을 미리 살피고, 해당 업종의 기업과 파트너십 전략을 추진하는 것이 바람직할 것이다. 또 실질적으로 다양한 산업에 이용되는 '광범위 양자 이점 Broad Quantum Advantage' 단계에서는 사내의 연구개발 등에 양자컴퓨터를 활용하는 담당자를 채용해야 할 것이다.

초정밀 GPS,
로봇 혁명을 일으킨다

오늘날 GPS Global Positioning System 는 위치 정보가 필수적으로 요구되는 모든 장치에 이용된다. 하지만 이제는 기존 GPS 시스템이 제공하고 있는 정밀도보다 더욱 정확한 위치 정보 기술이 요구되고 있다. 현재 기술은 어디까지 도달했으며, 미래의 GPS는 어떤 모습일지 알아보자.

오늘날 우리는 위치를 파악할 수 있는 GPS 기술을 이용하고 있다. 드론 배송, 택시 호출, 항공 운항 등은 모두 인공위성이 보내오는 위치 정보에 의존하고 있기 때문이다. 이제 GPS 시스템의 정확도는 몇 미터에서 몇 센티미터 이내로 줄어들었다. 우리가 사용하는 휴대전화에도 GPS 수신기가 내장되어 있는데, 휴대전화를 들고 걸어가는 사용자의 위치뿐만 아니라 자동차도 현재 어느 위치에 있는지를 몇

GPS 수신기는 컨스틸레이션에 있는 3개 이상의 위성으로부터 신호를
삼각 측량하여 몇 초 내에 현재 위치를 찾을 수 있다.

센티미터 이내의 오차로 인식할 수 있다. 머지않아 이러한 솔루션은
자율주행차와 배달 로봇, 개인 서비스 로봇이 도로와 보도를 안전하
게 다니도록 할 것이다.

　　GPS의 정확도는 GPS 컨스틸레이션the GPS constellation의 단일
주파수에서 측정된 공간 내 신호 오류의 통계 평균으로 표현된다.
1993년부터 인공위성이 지구 궤도를 돌며 위치 정보를 지속적으로
송출하면서 이용하게 된 GPS는 이제 수십억 명의 사람들이 이동하
는 방식을 극적으로 변화시켰다. GPS 수신기는 컨스틸레이션에 있는

3개 이상의 위성으로부터 신호를 삼각 측량하여 몇 초 내에 현재 위치를 찾을 수 있다.

신호가 이러한 수신기에 의해 처리되면 일반적으로 GPS는 5~10미터 이내의 정확성을 보인다. 이제 이 시스템은 GPS III로 수년간 업그레이드 중이며, 정확도를 1~3미터 이내로 향상시킬 것이다. 2020년 11월까지 10개의 GPS III 위성 중 4개가 이미 발사되었으며, 나머지는 2023년까지 궤도에 진입할 것으로 예상된다. 이로 인해 내비게이션 시스템과 스마트폰 위치 추적 앱의 정확도는 더 높아질 것이다.

2020년 6월 중국은 베이더우Beidou GPS 인공위성을 배치 완료했다. 베이더우는 현재 3개의 궤도를 44개의 위성이 돌고 있다. 이 시스템은 1.5~2미터 이내의 평균 정확도로 전 세계 누구에게나 위치 서비스를 제공한다.

이러한 발전에도 불구하고 GPS 신호는 간섭 및 기타 조건에 직면하여 간혹 오류를 일으킬 수 있다. 이러한 오류를 수정하려면 다른 기술들이 필요하다.

베이더우와 미국의 GPS는 위치 정확도를 1센티미터 이내로 높이기 위해 노력하고 있다. 널리 사용되는 접근 방식 중 하나는 RTKReal Time Kinematic(실시간 이동 측량) 포지셔닝이다. 이 포지셔닝은 기본 수신기와 로버 수신기를 통해 위성 신호를 수신하고, 지구의 이온 구sphere로 인해 발생하는 오류를 계산한다. 이 기술은 3센티미터

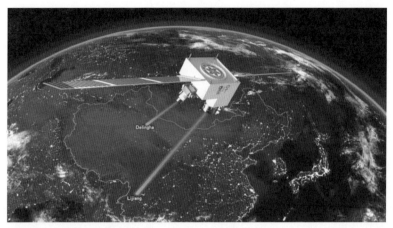

베이더우Beidou GPS 인공위성

이내의 정확도를 얻을 수 있다.

또 다른 기술로 PPP Precise Point Positioning(정밀 단독 측위)가 있다. 하나의 수신기만 있으면 지구 표면 어디에서나 작동하므로 사용자에게 1~10센티미터 수준의 정확도를 제공한다. 그리고 PPP-RTK라는 새로운 기술이 개발 중인데, PPP와 RTK의 강점을 결합한 이 솔루션은 앞으로 몇 년 후에 사용될 전망이다.

이렇게 GPS의 정확도가 향상됨에 따라 세상은 놀랍게 변할 것이다. 우리 조상들은 별과 나침반을 보고 자신이 어디에 있는지 알아냈다. 오늘날 우리는 GPS를 이용해 목적지를 찾는데, 앞으로는 1밀리미터 이내의 정확도를 보이는 GPS를 이용하게 될 것이다. 이러한 추세를 고려하여 우리는 다음과 같이 예측한다.

첫째, GPS 시스템은 2030년까지 1밀리미터 이내의 정확도를 보이는 수준으로 발전할 것이다.

그로 인해 자율주행차와 배달 로봇, 개인 서비스 로봇이 도로와 보도를 안전하게 다닐 수 있을 것이다. 또 여러 종류의 광학 및 음파 센서와 결합되어 인류의 삶을 개선하는 수많은 솔루션들을 개발할 것이다.

둘째, GPS 시스템은 10년 후에 인공위성에 대한 의존도를 낮출 것이다. 인공위성에 의존하는 모든 솔루션은 EMP 공격, 키넷 공격과 태양 폭풍에 취약하다. 인공위성을 이용한 GPS 시스템의 대안으로 개발된 솔루션은, 물질의 양자 속성을 이용해 외부 레퍼런스 없이 위치를 찾고 탐색하는 양자 포지셔닝 시스템이다. 원자가 절대 영도 바로 위까지 냉각되면 외부 힘에 민감한 양자 상태에 도달한다. 따라서 물체의 초기 위치를 알고 원자의 변화를 측정할 수 있다면, 레이저 빔을 사용하여 물체의 움직임을 계산하고 실시간 위치를 찾을 수 있다. 이러한 양자 포지셔닝 시스템은 보다 정확한 정밀도가 요구되는 자율주행차의 내비게이션에 활용될 것이다. 콜드콴타ColdQuanta가 개발한 초기 버전의 양자 포지셔닝 시스템은 이미 국제 우주 정거장에서 운영되고 있다.

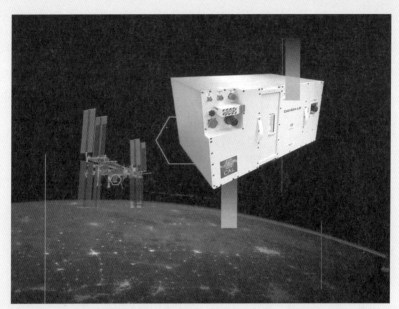

콜드콴타ColdQuanta가 개발한 초기 버전의 양자 포지셔닝 시스템은 이미 국제 우주 정거장에서 운영되고 있다.

셋째, 앞으로 5년 내에 실내 서비스 로봇은 인공위성 GPS에 정기적으로 액세스하지 않고도 위치를 정확하게 파악할 것이다. 스마트폰과 같은 장치는 소위 관성 측정 장치IMU, inertial measurement units를 사용하여 장치가 얼마나 멀리 이동했는지를 계산한다. 그러나 관성 측정 장치는 '이동오류drift errors'가 있어서 정확도가 낮은 편이다. 실외 환경에서는 일반적으로 인공위성 GPS를 이용하므로 관성 측정 장치의 오류를 수정할 수 있다. 하지만 GPS 신호를 수신할 수 없는 실내에서는 문제가 발생한다.

다행히 노스캐롤라이나주립대학 연구자들이 최근 와이파이 신호가 기기의 관성 측정 장치와 함께 작동해 오류를 수정하고, 속도 및 거리 계산의 정확도를 향상시킬 수 있음을 입증했다. 이 원리를 이용하면 실내 서비스 로봇이 와이파이 신호를 수신하면 자신의 위치를 정확하게 파악할 수 있을 것이다.

넷째, 2030년이 되기 전에 작고 저렴하며 매우 정확한 자이로스코프를 통해 드론, 자율주행차와 서비스 로봇이 인공위성 GPS 신호 없이 안정적으로 움직일 것이다. 관성 측정 장치는 3개의 가속도계와 3개의 자이로스코프로 구성되어 있다. 대부분의 스마트폰에서 볼 수 있는 자이로스코프는 화면의 방향을 감지해 우리가 어떤 방향을 향하고 있는지를 파악하는 데 도움이 되지만 정확도는 떨어진다. 기존 관성 측정 장치로는 우리가 어떤 방향으로 가고 있는지를 정확히 알 수 없는 것이다. 자율주행차와 같은 고급 소비자 애플리케이션의 경우에도 마찬가지다.

다행히 미시간대학에서 10,000배 더 정확한 새로운 자이로스코프를 개발했다. 이 자이로스코프는 오늘날 일반 스마트폰에 사용되는 자이로스코프보다 10배 비싸고, 성능이 비슷한 대형 자이로스코프보다는 1,000배 저렴하다. 이 자이로스코프가 상용화되면 자율주행차와 로봇 등이 더 이상 인공위성 GPS에 의존하지 않고도 정확하고 안전하게 움직일 수 있을 것이다.

스타링크,
광대역 인터넷 시대가 열린다

> 앞으로 수십 년간 우주 산업의 패권을 다투는 싸움에서 누가 최종 승자
> 가 될 것인가? 어떤 기술이 가장 큰 차이를 만들까? 어떤 서비스가 가장
> 큰 수익을 낼까? 이 혁신의 물결을 주도할 국가와 기업은 누구일까?

'**앞**으로 수십 년간 우주 산업의 패권을 다투는 싸움에서 누가 최종
승자가 될 것인가?' 이 주제는 매우 중요한데, 이유는 아주 명확하다.
지구 밖에 존재하는 방대한 자원을 활용하고, 군사적 이점을 선점할
수 있기 때문이다. 이 떠오르는 경쟁은 단거리 경주가 아니라 마라톤
이 될 것이다.

10여 년 전까지만 해도 우주는 초강대국과 이를 지원하는 10여
개 정도의 항공우주 기관 혹은 기업들이 지배하는 공간이었다. 그런

데 얼마 전부터 우주는 갑자기 큰 사업장이 되었다. 우주 산업의 글로벌 수익은 2005년 1,750억 달러에서 2019년 4,240억 달러로 약 3배 증가했다. 모건 스탠리는 2040년까지 전 세계 우주 산업의 연간 수익이 1조 2,000억 달러를 넘어설 것으로 예측하고 있다.

오늘날 2,710억 달러에 이르는 비용이 통신 위성을 제작하고 발사하는 데 사용되고 있다. 그리고 머지않아 달뿐만 아니라 태양계를 관광하는 우주관광, 소행성 채굴 등 우주 산업이 급속도로 성장할 것이다. 사실 특정 소행성 하나에서 리튬, 코발트, 금과 같은 핵심자원을 채굴해 얻을 수 있는 금전적 가치는 27조 달러에 달하는 것으로 추정된다.

앞으로 세계 최강국이 되기 위해서는 우주를 지배해야 한다. 미국은 중국, 러시아, EU, 일본, 심지어 이스라엘의 도전도 받고 있다. 중국의 달 프로젝트 책임자 예 펜지앙Ye Penjiang은 우주를 남중국해에서 중국이 점유하고자 하는 대만과 비교한다. 펜지앙은 "중국이 우주를 포기한다면 후손들이 결코 용서하지 않을 것"이라고 말했다. 현재 중국의 젊은 세대는 1960년대의 미국인들처럼 우주 비행사를 꿈꾸고 있다. 반면 미국의 젊은 세대는 우주 비행사가 아니라 소셜 미디어 인플루언서가 되고 싶어 한다.

브랜든 웨이처트Brandon J. Weichert가 그의 책 『Winning Space: How America Remains Superpower(위닝 스페이스, 미국은 어떻게 초강대국을 유지하는가)』에서 언급했듯이 미국 정부는 세계 최고 초강대국을 유지하기 위해 우주 산업에 주목하고 있다. 왜 그럴까? 미군은 첩보와 감시 등 군사작전을 위성 통신에 의존하고 있기 때문이다.

미국은 정부뿐만 아니라 민간 기업도 우주에 관심이 많다. 그래서 미국은 앞으로도 우주 산업 분야에서 선두 주자가 될 것이다. 2018년 중국 기업들은 우주 산업에 5억 1,600만 달러를 투자했지만 미국 기업들은 22억 달러를 투자했다. 일론 머스크, 제프 베이조스, 리처드 브랜슨 등 거물들이 우주 산업에 투자했다.

지금 이 순간에도 미국의 우주 관련 기업들은 미국을 우주 산업의 최강자로 이끌고 있다. 실제로 미국은 세계 발사 서비스 산업의 40% 이상을 차지하고 있으며, 최근 몇 년 동안 유럽연합과 러시아의 시장 점유율까지 뺏어오고 있다.

오늘날 발사 서비스 산업의 선두 주자는 스페이스 X, 보잉, 노스럽 그러먼Northrup Grumman, 유나이티드 론치 얼라이언스United Launch Alliance, ULA 등 미국 민간 기업들이다. 미국에서 우주 산업은 미국 정부가 주도하는 우주 개발 프로그램에 참여한 소수의 기업들이 지배해 왔다. 그리고 캘리포니아는 미국 우주 산업의 중심지다.

왜 그럴까? IT 산업이 실리콘밸리에서 철수하고 있지만 캘리포니아에는 우주 산업 인프라가 풍부하다. 지난 80년 동안 서던캘리포니아대학교USC, 캘리포니아대학교UCLA, 칼테크Caltech 등은 항공우주 인재를 양성하고, 연구개발에 지속적으로 투자해 왔다. 이러한 이유로 캘리포니아는 전 세계 우주 산업의 19%, 미국 우주 산업의 40%

스페이스 X를 이끄는 일론 머스크

를 차지하고 있다.

그런데 이제 다른 주, 특히 텍사스가 우주 산업의 새로운 중심지로 성장하고 있다. 텍사스는 이미 미국에서 두 번째로 큰 우주 산업의 도시가 되었다. 최근 일론 머스크는 스페이스 X를 텍사스로 옮기고, 이곳에서 새로운 우주선을 제작하기로 결정했다. 텍사스에는 나사NASA의 존슨 우주 센터Johnson Space Center, 스페이스 X, 블루 오리진Blue Origin, 보잉, 록히드Lockheed, L3 등이 자리를 잡고 있다. 또한 발사 장소, 로켓 시험 장소, 생산시설 등도 많이 보유하고 있다.

텍사스는 이미 로켓 테스트 및 인증 비행의 대부분을 수행하는 지역이 되었다. 스페이스 X와 제프 베이조스의 블루 오리진은 각각 밴 혼Van Horn과 브라운즈빌Brownsville에 대규모 테스트 시설을

블루 오리진은 제프 베이조스가 이끌고 있다.

설치해 놓았다. 또한 텍사스에는 미들랜드 국제항공우주기지Midland International Air and Space Port와 2013년부터 주 정부의 지원을 받아온 휴스턴 우주기지Houston Spaceport가 있다.

이러한 추세를 감안해 우리는 다음과 같은 예측을 내려 본다.

첫째, 2023년부터 광대역 인터넷이 소비자를 대상으로 출시될 것이다. 모건 스탠리는 "2040년까지 광대역 인터넷이 세계 우주 산업에서 50%를 차지할 것이고, 최대 70%까지 차지할 것"으로 추정하고 있다. 광대역 인터넷 서비스는 2022년부터 시범적으로 제공되기 시작했는데, 2023년부터는 소비자를 대상으로 출시될 것이다.

2022년 2월 27일, 일론 머스크는 자신의 트위터를 통해 "지금 스타링크 서비스가 우크라이나에서 개통되어 있다"고 밝혔다. 일론 머스크는 러시아의 침공으로 인터넷 이용이 어려워진 우크라이나의 요청에 따라 스타링크 서비스를 우크라이나에서 개시했다. 스타링크Starlink는 일론 머스크가 이끄는 스페이스 X의 저궤도 위성 네트워크로 가동되는 광대역 인터넷 서비스다. 스페이스 X는 광대역 인터넷을 구축하기 위해 현재까지 3,400개 이상의 소형 위성을 쏘아 올렸다.

광대역 인터넷은 초기에는 서비스 비용이 만만치 않아서 인터넷 서비스가 제대로 제공되지 않고 있는 곳 위주로 제공될 것이다. 스페이스 X는 2022년 10월 18일, 항공기를 대상으로 스타링크 광대역 인터넷 서비스를 출시할 거라고 발표했다. 스페이스 X는 항공기 내에서 사용할 수 있는 와이파이 무선 인터넷 '스타링크 에비에이션'을 제공할 계획이다. 이 서비스의 하드웨어 설치비는 무려 15만 달러에 달한다. 또 월 이용요금은 1만 2,500달러에서 2만

스타링크Starlink는 일론 머스크가 이끄는 스페이스 X의 저궤도 위성 네트워크로 가동되는 광대역 인터넷 서비스다.

5,000달러이다. 스페이스 X는 2023년 중반부터 터미널 등 하드웨어 장비를 고객에게 배송할 계획이다. 전용기 내 무선 인터넷 속도는 최대 350Mbps이고, 항공기 내에서 모든 승객이 동시에 스트리밍용 인터넷에 접속할 수 있다. 또 스페이스 X는 일본 이동통신사 KDDI와 협력해 2022년 10월 11일부터 도쿄를 포함하는 혼슈 북부 지역에서 스타링크 서비스를 제공하기 시작했다. 2022년 4분기부터는 일본 전역에서 스타링크 서비스를 제공할 예정이다.

광대역 인터넷 시장에는 아마존도 뛰어들고 있다. 아마존은 광대역 우주 인터넷 사업 '프로젝트 카이퍼Kuiper'를 추진하고 있는데, 2023년 초에 광대역 인터넷용 위성을 발사할 계획이다. 또 영국의 원웹도 광대역 인터넷 시장에 뛰어들었다. 원웹은 파나소닉 에비어닉스와 업무협약을 맺고 70여 개 항공사에 기내 인터넷 서비스를 제공하기로 했다. 또 원웹은 스페이스 X의 광

아마존은 광대역 우주 인터넷 사업 '프로젝트 카이퍼Kuiper'를 추진하고 있다.

대역 인터넷 사업에 맞서기 위해 세계 3대 통신위성 기업 중 하나인 프랑스의 유텔샛과 합병하기로 했다.

둘째, 2023년 1분기부터 한국에서도 스타링크 서비스가 출시될 것이다. 스타링크 서비스는 울릉도, 독도, 백령도, 연평도, 제주도에 이르기까지 남한 전역에 제공된다. 이 서비스의 기본 이용료는 월 110달러인데, 한국 소비자들이 이용하는 인터넷 이용 요금보다 상당히 비싼 편이다. 따라서 초기에는 광대역 인터넷에 열광하는 소비자 위주로 서비스를 제공하게 될 것이다.

그리고 중징기적으로는 재사용 가능한 로켓을 이용하고 위성을 대량으로 생산하게 되면 광대역 인터넷 서비스 비용은 10달러 내외로 낮아질 것이다.

현재 스페이스 X는 일부 부자들을 대상으로 우주여행 상품을 판매하고 있다.

현재 위성 발사 비용은 재사용 가능한 로켓을 통해 발사되어 2억 달러에서 6천만 달러로 감소했으며, 최근에는 500만 달러까지 떨어졌다. 그리고 위성을 대량 생산하면 위성의 제작 비용을 5억 달러에서 50만 달러 미만으로 낮출 수 있다.

셋째, 현재 스페이스 X는 일부 부자들을 대상으로 우주여행 상품을 판매하고 있는데, 광대역 인터넷이 오늘날의 인터넷처럼 확산된 이후에는 개인 우주여행도 상용화될 수 있을 것이다. 그리고 광산 장비를 소행성으로 보내 광물을 추출할 수도 있을 것이다.

블록체인,
금융 혁명을 일으킨다

블록체인Block Chain 기술은 금융을 비롯해 여러 산업을 발전시킬 수 있는 혁신적인 기술이다. 하지만 투기성 사설 가상화폐 시장에만 집중되어 있어 여전히 오해를 사고 있다. 블록체인은 어떻게 작동되고, 금융 시장에서 어떤 가치가 있을까? 사설 가상화폐인 비트코인은 앞으로 어떻게 될까? 블록체인은 앞으로 10년 동안 비즈니스 세계에 어떤 영향을 미칠까?

블록체인은 공공 거래 장부라고도 부르며, 가상화폐로 거래할 때 발생할 수 있는 해킹을 막는 기술이다. 블록체인은 거래에 참여하는 모든 사용자에게 거래 내역을 보내주며, 거래할 때마다 모든 거래 참여자들이 정보를 공유하고 이를 대조해 데이터 위조나 변조를 할 수

블록체인은 공공 거래 장부라고도 부르며, 가상화폐로 거래할 때 발생할 수 있는 해킹을 막는 기술이다.

없도록 만들어 놓았다.

이처럼 블록체인은 모든 거래 당사자에게 거래 목록이 담긴 블록에 대한 액세스 권한을 부여하는 시스템이다. 이는 다른 사람이 구글 문서도구에서 공유문서를 변경할 수 있도록 허용하는 것과 유사하다. 구글 문서도구 프로그램은 문서에 적용된 모든 변경 사항의 목록을 유지한다. 더불어 안전한 방법으로 문서를 사용하는 모든 사람을 서로 신뢰하게 만들고, 모든 사람이 모든 변경 사항의 사본을 얻을 수 있으므로 그 과정에서 무슨 일이 일어났는지를 알 수 있다.

마찬가지로 블록체인은 누가 어떤 거래를 했는지 알 수 있으므로 기존 금융 서비스보다 훨씬 높은 수준의 신뢰와 투명성을 제공한다.

'블록체인Block Chain'은 '블록Block'과 'Chain'으로 구성된다. '블록 Block'에는 일정 시간 동안 확정된 거래 내역이 담긴다. 온라인에서 거래 내용이 담긴 블록이 형성되는 것이다. 이 블록은 네트워크에 있는 모든 참여자에게 전송된다. 한 참여자가 거래를 요청하면 P2PPeer-to-Peer 네트워크로 이동한다. 네트워크의 개별 노드는 거래를 수신하고 검증한다. 블록체인의 한 참여자가 거래를 시작할 때마다 '체인 Chain'이 생성된다. 참여자들은 해당 거래에 이상이 없는지 확인하고, 확인을 거쳐 승인된 블록만 기존 블록체인에 연결되면서 송금이 이루어진다. 제3자(중개자)가 거래를 보증하지 않고도 거래 당사자끼리 가치를 교환할 수 있다.

블록체인은 체인을 지배하는 단일 노드가 없는 것이 특징이다. 분산 원장은 네트워크 전반에 걸쳐 기록되므로 속임수나 도용이 불가능하다. 강도가 들어와 돈을 훔칠 수 있는 기존의 은행과 달리 체인을 손상시킬 방법이 없다.

누군가가 개인의 네트워크 키를 훔친 다음 훔친 키를 사용해 가치가 있는 모든 것을 캡처할 수는 있지만 블록체인 자체는 영향을 받지 않는다. 그리고 모든 거래 내역이 블록체인에 기록되기 때문에 누군가의 키가 도난당하더라도 도난당한 키의 내용을 옮기면 블록체인에 캡처된다. 그래서 온라인으로 해킹도 불가능하다.

모바일 송금 서비스 앱 벤모Venmo

블록체인은 이러한 특성이 있으므로 P2P 금융 거래에 유용하게
사용할 수 있다. 따라서 블록체인은 전 세계 금융 시장을 근본적으
로 변화시킬 수 있을 것으로 보인다. 그러나 현재 우리는 "블록체인"
하면 "가상화폐"를 먼저 떠올린다.

전문가들은 블록체인이 금융 거래를 뛰어넘어 금융 산업 전반
에 혁명을 일으킬 거라고 예측한다. 우리는 비트코인을 비롯한 사설
가상화폐와 블록체인을 구분해야 한다. 그렇다면 금융 시장에서 블
록체인은 어떤 가치가 있을까?

블록체인은 금융 거래에서 가장 중요한 신뢰를 만들 수 있다. 오
늘날 온라인 뱅킹에서 중개자는 모든 단일 거래에 대해 신뢰를 제공

하고 있다. 친구에게 돈을 보내려면 금융 서비스 제공업체(중개자)를 통해 친구에게 돈을 보내야 한다. 예를 들어, 친구에게 10달러를 모바일 송금 서비스 앱인 벤모Venmo를 통해 보낼 때, 벤모는 금융 거래의 중개자가 된다.

중개자를 통해 해외로 송금할 경우 번거로움이 따를 수밖에 없다. 미국 이외의 국가에 송금하고 싶다고 가정해 보자. 그러기 위해서는 웨스턴 유니온Western Union 등 국제 송금 서비스를 이용해야 하고, 자금을 이체하는 데 상당한 수수료를 지불해야 하며, 그런 다음 수취인은 해당 자금을 받기 위해 서비스 제공업체의 현지 지점으로 가야 한다.

만약 중개자 없이 버튼만 누르고 해외로 송금할 수 있다면 어떨까? 정말 편할 것이다. 그런 점에서 블록체인은 매력적인 기술이다.

블록체인 덕분에 중개자 없이 거래 당사자 간에 투명하고 안전하게 거래할 수 있다. 그리고 블록체인은 현재의 금융 거래 방식보다 거래 속도가 매우 빠르다. 그래서 JP모건의 회장 제이미 다이먼Jaime Dimon은 'JMP 코인'을 출시하기도 했다.

블록체인은 2008년에 발명되었지만 2017년이 되어서야 대중에게 알려지기 시작했다. 금융기관 및 정부 등이 블록체인에 관심을 갖기 시작하면서부터다. 당시 세계경제포럼WEF은 '과대광고를 넘어선 블록체인: 비즈니스 리더를 위한 실용적인 프레임워크'라는 제목으로 블록체인 백서를 발표했다.

이 백서에서 저자들은 블록체인이 비즈니스 세계에 영향을 어떤 영향을 미칠지를 조사하고 블록체인의 가치를 분석했다. 이들은 앞으로 블록체인이 금융 시장에 어떤 변화를 일으킬지에 대한 로드맵을 제공했다.

블록체인의 잠재력이 이렇게 큰데도, 왜 비트코인을 비롯한 가상화폐들에만 이용되는 것일까? 그런데 가상화폐에는 문제가 많다.

가상화폐의 첫 번째 문제는 시장 조작 가능성이 있는 것이다. 비트코인을 비롯한 가상화폐 시장은 증권거래위원회SEC가 있기 전의 월스트리트와 비슷하다. 이런 상황에서는 조직적으로 시장을 조작하기 쉽다.

두 번째 문제는 내재 가치가 부족하다는 것이다. 의도적으로 가격을 조작하지 않더라도 가상화폐 시장에는 본질적으로 변동성이 있다. 식별 가능한 가치를 지닌 통화 또는 상품과 달리 가상화폐에는 식별 가능한 '고정값peg'이 없기 때문이다. 베네수엘라의 가상화폐인 페트로는 베네수엘라 원유에 의해 뒷받침되는데, 이렇게 식별 가능한 가치를 지닌 가상화폐는 거의 없다.

세 번째 문제는 연방준비제도이사회와 유럽중앙은행, 일본은행 외에는 가상화폐의 가치를 효과적으로 유지 및 관리하는 기관이 없다는 것이다.

네 번째 문제는 대체가 용이하다는 것이다. 비트코인의 가치는 이것이 시장에 최초로 출시되었다는 브랜드 가치에 의존할 뿐이다. 마이스페이스MySpace가 페이스북Facebook으로 대체되고 구글이 야후를 대체한 것처럼 또 다른 가상화폐가 비트코인을 대체할 수도 있는 것이다.

마지막 문제는 신뢰할 수 있는 '가치 교환 매체'가 아니라는 것이다. 비트코인을 취득한 시점부터 다음 소유자에게 이전될 때까지 그 가치는 크게 변동될 수 있다. 가상화폐는 실제 상품과 달리 임의의 값을 가진 일련의 문자일 뿐이므로 소유자가 이를 단순히 소비할 수도 없다.

이러한 문제들도 있지만 각국 정부는 또 다른 문제 때문에 사설 가상화폐를 규제하고 있다.

첫째, 비트코인을 비롯한 사설 가상화폐들은 범죄 행위에 이용될 수 있다. 즉, 비트코인은 모든 종류의 범죄 행위에 이용될 수 있다. 최신 피싱 사기, 사이버 협박, 랜섬 웨어 공격 등을 일삼는 범죄자들이 비트코인의 익명성을 선호하는 것을 보라. 이런 이유로 각국 정부가 사설 가상화폐를 규제하고 있다.

둘째, 비트코인은 자본 이득을 취할 수 있는 상품이지만 정부는 비트코인 거래로 발생한 수익을 세금으로 걷어 들이기가 힘들다. 누군가가 1만 달러에 비트코인을 구입했다고 가정해 보자. 그 비트코인

가상화폐공개 Initial Coin Offerings, ICO

이 2만 달러로 평가되었을 때 빚을 갚기 위해 비트코인의 일부 혹은 전부를 사용했다면 어떻게 될까? 이에 대한 세금을 평가하려는 세무 당국은 결정을 내리는 데 어려움을 느낄 것이다.

비트코인을 비롯한 사설 가상화폐에는 이미 투기꾼이 진입해 가격을 부풀렸다. 이들은 '빨리 돈을 벌기'를 희망하면서 가상화폐를 매매하고 있다.

그리고 가상화폐를 통해 사업 자금을 마련하려고 가상화폐공개 Initial Coin Offerings, ICO를 하는 사업가도 많다. 사업가들은 일반적으로 블록체인과 관련된 사업 아이디어를 공식화한다. 이들은 이 아이디어를 온라인 백서로 게시한다. 그런 다음 비즈니스 아이디어와 관련된 독점 가상화폐 토큰을 판매한다. ICO의 세부 사항에 따라 토큰은 비즈니스와 관련된 거래를 위해 선호하는 통화 형태로, 블록체인 기업 내에서 향상된 기능을 가능하게 하는 요소로, 벤처기업의 실제 소유권 지분으로 사용될 수 있다. 미국 증권거래위원회는 ICO를 달갑게 여기지 않고 있다. 가상화폐공개Initial Coin Offerings, ICO보다 증권 시장에 상장하는 기업공개Initial Public Offering, IPO를 선호하기 때문이다. 금융 시장의 양지에서 환영받지 못하는 가상화폐의 ICO는 '일시적인 유행'에 그칠 가능성이 높다.

이러한 추세를 감안하여 우리는 블록체인의 미래를 다음과 같이 예측해 본다.

첫째, 비트코인 등 사설 가상화폐와 달리 각국 중앙은행이 발행하는 디지털 화폐Central Bank Digital Currency, CBDC가 채택될 가능성이 크다. 종이 화폐의 가치를 뒷받침하는 데 금이 사용되었던 것처럼, 중앙은행이 발행하는 디지털 화폐는 새로운 가상화폐를 백업하는 데 사용될 것이다. 미국 정부가 미국 통화 공급과 연결된 가상화폐 달러를 발행하면 금융 거래 방식이 크게 바뀔 수 있다. 정부는 모든 달러가 어디로 흘러가는지 알 수 있는 명확한 사슬을 만들게 되면, 가상화폐 도둑질을 불가능하게 만들고 세금 회피도 막을 수 있을 것이다. 또한 블록체인을 이용한 불법적인 돈 교환이 더 이상 익명으로 이루어지지 않을 것이다. 프라이버시 옹호자들은 이것을 두고 개인이 돈을 사용하는 방식에 정부가 지나치게 개입한다고 주장할 수 있다. 그러나 오늘날의 보안 카메라와 마찬가지로 사람들은 이러한 정부의 개입에 결국 익숙해질 것이다.

결과적으로 CBDC가 채택되면 사설 가상화폐는 몰락할 것이다.

둘째, 블록체인이 금융 시장에서 본격적으로 이용되면 기존 금융 기관은 큰 혼란을 겪을 것이다. 이들이 디지털 토큰의 생성자 및 소유자가 되지 않는 한, 기존에 누렸던 제3자 중개자로서의 이점이 크게 줄어들 것이기 때문이다. 이 점을 간파한 JP모건은 'JMP 코인'을 출시했으며, 다른 주요 금융업체도 디지털 코인 출시를 계획하고 있다.

JP모건의 제이미 다이먼 Jaime Dimon 회장

셋째, 블록체인은 금융 시장 외에도 여러 비즈니스에 영향을 끼칠 것이다. 블록체인 기술은 게놈 데이터 관리, 디지털 권한 관리, 약물 추적 및 기타 여러 응용 프로그램에서 사용될 것이기 때문이다. 현명한 기업가는 블록체인을 활용해 새로운 비즈니스를 함으로써 경쟁우위에 설 수 있을 것이다.

4D 프린팅,
제조업의 패러다임을 바꾼다

3D 프린팅으로 1인 기업이 증가하는 메이커의 시대가 열렸다. 최근에는 4D 프린팅이 확산되어 제조업의 패러다임을 바꾸고 있다. 3D 프린팅에서 4D 프린팅으로 진화하는 시대에 어떤 일들이 일어나고 있는지 알아보자.

3D 프린팅의 적층가공Additive Manufacturing, AM 기술로 생산된 제품이 늘면서 이제 그보다 한 단계 진화한 4D 프린팅이 주목받고 있다. 4D 프린팅은 3D 프린팅으로 제작하려는 제품을 사전에 프로그래밍을 통해 변형할 수 있다. 시간이 지남에 따라 제작자의 의도대로 변형되는 제품을 만들 수 있는 것이다.

사실 물리적 개체를 구조적으로 변형시키도록 프로그래밍하는 것은 새로운 기술이 아니다. 연구자들이 오랫동안 '형상 기억 물질'과 '스마트 소재'를 연구해 왔기 때문이다. 가장 널리 사용되는 것 중 하나가 형상 기억 합금shape memory alloy이다. 이 합금은 온도 변화에 의해 모양이 변형된다. 또 하나는 전기 활성 폴리머다. 액체나 가스에 화학적 자극이나 압력을 가하면 제품이 변형된다.

MIT 셀프-어셈블리랩Self-Assembly Lab 소장 스카일러 티비츠Skylar Tibbits는 몇 년 전에 물질을 팽창시키면 변형을 일으킨다는 점에 착안해 오늘날의 4D 프린팅 연구를 개척했다. MIT 카메라 컬쳐Camera Culture의 연구원들과 MIT 셀프-어셈블리랩의 연구원들은 스트라타시스Stratasys, 오토데스크Autodesk 등의 기업과 협력해 이 기술을 더욱 발전시켰다.

이들은 다른 속성을 가진 재료들(고정체로 계속 남아 있는 물질과 원래 물질보다 200%까지 팽창할 수 있는 물질)을 결합하는 3D 구조물을 프린팅하는 것을 연구했다. 예를 들면 '구부러지는 빨대'처럼 접히거나 펴지는 인대나 인공관절을 만들어 환자에게 희망을 주는 연구를 하고 있다. 이들은 'MIT'라는 이니셜을 새겨 넣은 물질이 특정한 조건이 되면 셀프-어셈블리랩의 이니셜인 'SAL'로 변경되도록 하는 데 성공했다.

글로벌 시장조사기관 그랜드뷰 리서치Grandview Research에 따르면, 전 세계 4D 프린팅 시장 규모는 2019년 6,450만 달러에 달했다. 4D 프린팅 시장은 2019년부터 2025년까지 연평균 33.2% 이상 상승할 것으로 예상된다. 4D 프린팅은 방위, 항공우주, 자동차, 의료

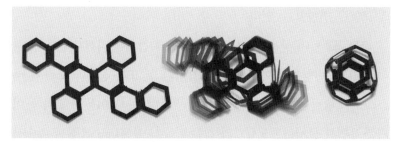

MIT 셀프-어셈블리랩은 특정한 조건이 되면 물질이 변형되는 4D 프린팅을 개발했다.

산업에 이르기까지 그 수요가 증가하고 있다. 미국은 4D 프린팅의 연구와 개발에 선도적으로 투자해 왔으므로, 4D 프린팅 시장에서 우위를 보일 것이다.

그랜드뷰 리서치의 애널리스트 프리얀카 반살Priyanka Bansal은 "4D 프린팅이 3D 프린팅 기술을 대체하는 것은 아니고, 이 둘은 한 세트"라고 말한다. 쉽게 말하자면 4D 프린팅은 3D 프린팅에 4차원적 요소로서 시간을 추가하는 기술이다. 4D 프린팅으로 제작된 물체는 외부의 자극이 가해지면 물리적 모양이 변하도록 프로그램된 것이다. 3D 프린팅과 4D 프린팅의 유일한 차이점은 제품의 모양을 변화시킬 수 있는 능력의 유무다. 3D 프린팅으로 만든 제품은 모양이 변하지 않지만 4D 프린팅은 모양이 변할 수 있으므로, 모양이 변해야 하는 제품을 만들어야 하는 경우에는 향상된 품질과 효율성 등을 제공해 준다. 3D 프린팅은 적층가공 기술로 원하는 물체를 자유자재로 제작하는 반면, 4D 프린팅은 3D 프린팅으로 제작된 물체의 모양을 변형할 수 있다.

4D 프린팅이 상용화되기까지는 다소 시간이 걸리겠지만, 초기 형태의 4D 프린팅은 물에 담그거나 압력과 열 또는 공기에 노출될 때 스스로 변형될 수 있는 유연한 물체를 제작하는 데 이용될 것이다. 이러한 유연한 물체는 3D 큐브와 같은 단순한 물체부터 복잡한 예술작품과 의류, 자동차의 차체에 이르기까지 다양하게 제작될 것이다.

또한 4D 프린팅은 전자 산업에도 활용될 수 있다. 현재 4D 프린팅을 이용해 성능을 개선한 전도성 폴리머가 개발되고 있다. 4D 프린팅으로 개발된 트랜지스터는 뛰어난 전류 운반 능력을 가질 뿐만 아니라 화학적 안정성과 저온 프로세싱을 제공한다.

그랜드뷰 리서치는 전자 산업에서 4D 프린팅이 활용되면 이 산업의 패러다임이 바뀔 거라고 예측한다. 그러나 몇 가지 장벽이 존재한다. 현재 일부 기업만 4D 프린팅과 관련된 기술을 독점적으로 보유하고 있기 때문에, 4D 프린팅 기술 기업과 자동차, 의료기기, 가전제품 등을 생산하는 제조업체 간에 기술 수출 협의가 이루어져야 많은 제품들이 상용화될 것이다.

그럼에도 불구하고 4D 프린팅은 전통적인 제조 기술을 보완하여 제품을 설계하는 방식에 큰 변화를 가져올 것이다. 4D 프린팅의 기술 발전 속도를 감안할 때, 우리는 다음과 같은 예측을 할 수 있을 것이다.

첫째, 4D 프린팅은 부품이 고장나거나 손상될 경우 자가 치유되는 혁신적인 제품을 세상에 내놓을 것이다. 4D 프린팅으로 스마트 소재를 생산하면 제품의 치수 또는 특성에 예기치 않은 변화가 생길 경우에 대비해 스스로 변형하도록 프로그래밍할 수 있다. 이러한 소재는 과도한 열이나 진동과 같은 비정상적인 환경 조건에 노출될 경우 예방 조치를 취할 수 있다. 일례로 LG전자는 4D 프린팅을 스마트폰에 적용했다. 4D 프린팅이 적용된 스마트폰은 화

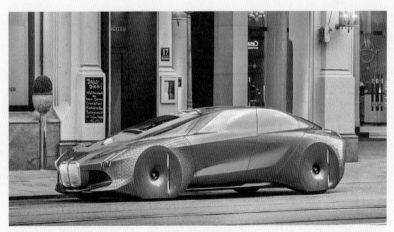

BMW의 비전넥스트100 Vision Next 100은 4D 프린팅을 이용해 만들었다. 비전넥스트100은 운전 상황과 환경 조건에 따라 디자인이 변화한다. 예를 들어 바퀴 휠에 4D 프린팅 신소재를 적용해 험한 도로를 달리거나 급회전으로 운전대를 돌릴 때 바퀴의 형태가 달라진다. 바퀴뿐만 아니라 4D 프린팅으로 좌석을 만들어서 운전 상황에 맞게 좌석이 자유자재로 팽창했다가 수축한다. 운전자가 차에서 잠시 잠을 청하려고 하면 좌석의 공기압이 변하면서 운전석이 편안한 침대로 변신한다.

MIT 어셈블리랩은 조깅할 때는 신발이 수축되고, 조깅을 멈추면 신발이 늘어나 착용자의 발을 편안하게 해주는 신발을 개발했다. 아디다스는 이러한 4D 프린팅 기술을 적용한 운동화 알파엣지4D를 출시했다.

면에 생긴 가벼운 스크래치를 24시간 내에 자가 치유한다. 그런데 아직까지는 한계가 있다. 현재까지 개발한 스마트 소재는 자가 치유할 수 있는 횟수에 제한이 있기 때문에 특정 시점 이후에는 자가 치유를 중단할 수 있다. 그렇지만 앞으로 특정 응용 프로그램과 솔루션이 개발되면 이 문제를 해결할 수 있을 것이다.

둘째, 4D 프린팅은 운송 및 물류 비용을 줄이는 데도 유용할 것이다. 자극에 반응하기 전에 얇은 시트(종이) 형태로 제품을 제작할 수 있다면, 제품의 부피를 크게 줄일 수 있으므로 운송 및 물류 비용을 크게 줄일 것이다.

셋째, 4D 프린팅은 3D 프린팅의 연장선에서 개발된 것이기 때문에, 3D 프린팅이 널리 확산되어야 4D 프린팅도 주목받을 수 있다. 팬데믹 이후 중국 중심으로 치우쳤던 세계 공급망에 문제가 있음을 확인하게 되었는데, 이로 인해 선진국들의 리쇼어링이 확산되고 있다. 4D 프린팅은 복잡한 기하학적 형상을 생산할 수 있을 뿐만 아니라 제조업에 도움이 되는 스마트 소재를 생산할 수 있다. 미국과 독일, 일본, 한국 등 고임금 구조의 선진국들은 4D 프린팅으로 자국 내에서 제조업을 발전시킬 수 있을 것이다. 4D 프린팅이 제조업의 패러다임을 바꾸면 4D 디지털 디자이너뿐만 아니라 4D 프린터 작동 및 유지 보수 전문가가 유망직종으로 떠오를 것이다.

그래핀,
부의 신소재가 다가온다

10여 년 전에 과학자들은 기적의 신소재 '그래핀Graphene'을 흑연에서 분리하는 방법을 발견했다. 그리고 과도기를 거쳐 현재 그래핀으로 만든 상업용 제품들이 등장하고 있다. 그래핀이 비즈니스와 일상생활에 어떤 영향을 끼칠 것인가? 이 새로운 기술로 우리는 무엇을 할 수 있을까?

'그래핀'은 벌집 모양으로 배열된 탄소 원자의 한 층으로 만들어진 '경이로운 물질'이다. 2004년 맨체스터대학의 과학자 안드레 가임Andre Geim과 코스탄틴 노보셀로프Konstantin Novoselov가 세계 최초로 흑연에서 그래핀을 분리해냈고, 이들은 이 놀라운 성과로 2010년 노벨물리학상을 수상했다. 그래핀은 다음과 같은 놀라운 특성이 있다.

'그래핀'은 벌집 모양으로 배열된 탄소 원자의 한 층으로 만들어진 '경이로운 물질'이다.

- 지금까지 알려진 물질 중 가장 단단하다. 강철보다 200배 단단하다.
- 지금까지 발견된 물질 중 가장 얇다. 종이 한 장의 100만 분의 1에 해당하는 두께다.
- 마음대로 구부리거나 늘릴 수 있다.
- 다른 어떤 물질보다 열과 전기의 전도율이 우수하다.
- 거의 투명에 가깝다.
- 물은 통과시키지만 거의 모든 종류의 액화가스를 걸러낸다.

이러한 특성이 있기 때문에 그래핀은 여러 산업에서 혁명을 일으킬 수 있다.

그런데 저렴한 비용으로 생산할 수 있느냐가 관건이다. 재료공학

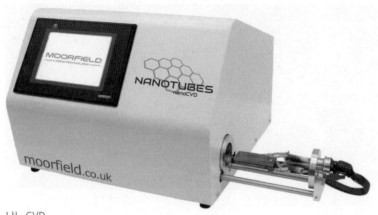

나노 CVD

분야의 학술지 〈어드밴스드 머티리얼스Advanced Materials〉에 의하면, 엑스터대학University of Exeter의 과학자들은 그래핀을 쉽고 저렴하게 생산할 수 있는 새로운 기술을 발견했다.

현재 그래핀 생산은 '화학증착Chemical Vapor Deposition, CVD'이라는 비싸고 시간이 많이 걸리는 공정에 의존하는데, 엑스터대학의 연구진은 나노 CVD로 그래핀을 만들었다. 나노 CVD는 반도체 제조 회사들이 제품을 생산하는 데 사용하고 있는 개념을 기반으로 한다. 즉 그래핀을 만들기 위해 새로운 공장을 설계하고 건설하는 데 수억 달러를 투자할 필요 없이, 현재의 반도체 제조 시설을 활용해 쉽게 대량생산할 수 있을 것이다. 그러면 그래핀 생산 속도를 100배나 늘리면서도 비용은 99% 절감할 수 있다.

우리가 이제까지 목도했던 혁신적인 발명들과 마찬가지로, 이 새로운 기술 덕분에 과학자들은 실험실에서 벗어나 그래핀을 현실세계에 등장시킬 수 있다는 자신감을 갖게 되었다. 예를 들어, 엑스터대학의 연구진은 나노 CVD를 이용해 투명하고 접을 수 있는 터치 센서를 개발하고 있다. 그래핀의 유연성을 잘 활용하면 로봇의 움직임과 외형을 인간에 가깝게 만들 수 있는 로봇용 전자 피부를 제작할 수 있다.

그래핀의 미래에 대해 우리는 다음과 같이 예측해 본다.

첫째, 그래핀의 유연성을 활용한 웨어러블 전자 기기들이 확산될 것이다. 〈디지털 트렌즈〉에 따르면, 플렉스이네이블FlexEnable이라는 기업은 스페인 바르셀로나에서 열린 모바일 월드 콩그레스에서 두 개의 시제품을 선보였다. 사용자의 손목에 착용할 수 있는 플렉시블 LCD, 스마트폰과 차량의 보안 장치로 사용할 수 있는 플렉시블 지문 인식 센서가 그것들이었다. 한편 노키아는 동작과 온도의 변화를 감지할 수 있는, 플렉시블 그래핀 센서가 부착된 가상현실 장갑을 내놓았다. 스페인 광학연구소는 손가락으로 누르면 사용자의 맥박을 정확하게 기록할 수 있는 플렉시블 심장박동 센서를 전시했다. 이 센서는 핏비트FitBit 등 건강관리용 웨어러블 기기에 내장할 수 있다. 그래핀으로 만든 스마트폰은 여러 번 접어서 주머니나 지갑에 쉽게 집어넣을 수 있다.

둘째, 그래핀은 태양 에너지 전지판을 만드는 데 이용될 것이다. 기후변화에 대비해 각국 정부는 태양 에너지 기업에 막대한 보조금을 투입하고 있지만, 실리콘은 광자 하나당 하나의 전자만을 방출하기 때문에 현재 태양 에너지 전지판 제조용 실리콘은 에너지 효율이 25%에 불과하다. 〈디지털 트렌즈〉에 의하면, "그래핀은 광자 하나당 여러 개의 전자를 방출할 수 있기 때문에, 그래핀으로 만드는 태양 에너지 전지판은 60%의 에너시 효율을 달성할 수 있다."

플렉시블 LCD

셋째, 그래핀은 지구촌의 물 부족 사태를 해결할 수 있다. 그래핀은 물을 제외한 거의 모든 액체와 가스를 걸러내기 때문에 소금이나 진흙 등을 걸러 내는 데 사용될 수 있다. 그러면 수십억 명의 사람들에게 깨끗한 식수를 제공 할 수 있다. 현재 담수화 공정에 사용되는 역삼투압 방식과 비교해 그래핀 필 터는 더 빠르고 저렴하게 깨끗한 물을 생산할 수 있다. '퍼포린Perforene'이라 는 그래핀 필터를 개발한 록히드마틴의 설명에 따르면, 이 새로운 필터를 사 용하면 역삼투압 방식에 사용되는 에너지의 약 99%를 줄일 수 있다.

넷째, 그래핀은 난방비와 온수비를 획기적으로 줄여줄 것이다. 전자공학 잡지 〈IEEE 스펙트럼〉에 따르면, 영국의 스타트업 제프로Xefro는 그래핀을 난 방 소재로 사용한 새로운 시스템을 개발했다. 제프로는 이 시스템으로 난방

퍼포린

및 온수 비용을 25~70%가량 절약했다. 제프로가 개발한 시스템은 어떤 물질에도 인쇄할 수 있는 그래핀 기반의 잉크를 사용한다. 이 시스템은 열용량이 적은 그래핀의 특성을 이용해 열기가 빠르게 들어오고 나가게 할 수 있으며, 그래핀의 넓은 표면적을 활용해 난방기를 가열할 때 에너지 낭비를 줄인다. 현재의 가스 난방 시스템은 가스를 태워 물을 데우고, 데워진 물이 방열기를 가열하고, 다시 방열기가 공기를 데워 방이 따뜻해지는 다단계 열전환 과정을 거치는데, 그래핀을 이용한 시스템은 에너지 손실을 크게 줄일 수 있다.

다섯째, 그래핀은 유전자 염기서열 분석을 발전시킬 것이다. 과학 잡지 〈나노스케일Nanoscale〉에 따르면, 미국 표준기술연구소NIST 연구진은 그래핀을 이용해 유전자 정보를 해독하기 위한 DNA의 분리, 복사, 분류, 재조합을 포함한 현재의 염기서열 분석법을 개선했다. 이 연구진은 그래핀의 작은 구멍을 통해 DNA 분자를 잡아당기고 전류 변화를 탐지함으로써 더 빠르게 유전자 염기서열을 분석할 수 있는 새로운 방법을 고안해냈다. 이 새로운 방법은 초당 약 660억 개의 염기를 90%의 정확도로 식별해내므로, 기존의 DNA 염기서열 분석 방식보다 빠르고 저렴하게 처리할 수 있다.

이 혁신적인 기술은 궁극적으로 'DNA 감지기'를 개발하는 데도 이어질 수 있다. 미국 표준기술연구소의 연구진은 "현재의 90% 정확도를 기반으로 동일한 DNA 가닥을 네 번 분석하면 인간 게놈의 서열화에 필요한 99.99%의 정확도를 얻을 수 있다"는 결론을 내놓았다. 이렇게 하면 개인별 게놈을 사용해, 유전적으로 그 사람에게 나타날 수 있는 질병을 예방하고 치료할 수 있는 개인 맞춤형 의학 시대를 앞당길 것이다.

전기자동차,
보다 개선된 자동차가 등장한다

전기자동차가 전 세계 자동차 시장에서 점유율을 올리고 있다. 2040년에는 5억에서 16억여 대의 전기자동차가 운행될 것으로 예측된다. 하지만 현재 전기자동차는 여전히 해결해야 할 문제들이 많다. 현재의 전기자동차 산업의 문제와 자동차 시장의 미래를 알아보자.

2020년 9월 23일, 캘리포니아 주지사 개빈 뉴섬Gavin Newsom은 2035년까지 휘발유 자동차, 즉 내연기관internal combustion engine, ICE 자동차의 판매를 금지하는 행정명령을 발표했다. 기후변화에 대비해 내연기관으로 구동되는 자동차를 전기자동차electric vehicle, EV로 바꾸겠다고 한 것이다.

그러나 현재 전기자동차의 생산량을 고려한다면 2035년까지 전 세계 자동차 수요를 충분히 감당하기는 힘들 것이다. 한계가 명확하고, 여러 가지 문제들이 뒤엉켜 있기 때문이다.

오늘날 미국 자동차의 8%만 전기자동차이다. 블룸버그 뉴 에너지 퓨처스Bloomberg New Energy Futures의 낙관적 예측에 따르더라도, 연간 전기자동차 판매는 2039년 또는 2040년에 판매되는 전체 자동차의 약 절반, 즉 연간 약 6천만 대에 그칠 것이다.

2035년까지 전기자동차가 전 세계 자동차 수요를 충분히 감당하기 힘든 이유는 다음과 같다.

1. 현재 고학력에다 재정적으로 부유한 소비자들이 전기자동차의 소유자이고, 그 외 대부분의 사람들은 전기자동차를 많이 타지 않는다. 차량 가격이 비싸고 충전소가 많지 않아서 불편하기 때문이다.

2. 전기자동차 주행 거리는 연간 평균 5,000마일 정도인데, 이는 일반 내연기관 자동차의 주행 거리보다 매우 짧다. 상당수의 전기자동차가 패밀리카가 아니라 세컨드카로 사용되고 있기 때문이다.

3. 전기자동차 소유자가 증가하고 있지만 그렇다고 매우 빠른 속도로 증가하고 있는 것은 아니다. 아직까지는 전기자동차보다 내연기관 자동차를 타는 사람들이 훨씬 많다.

4. 현재 출시된 전기자동차는 소형이나 중형이 대부분인데, 더 크고 무거운 스포츠 유틸리티 자동차SUV가 현재 전체 신차 판매의 절반을 차

테슬라 모델3

지하고 있다. 이들 중 대부분은 하이브리드로 구동된다.

현재 캘리포니아 주는 전기자동차에 대한 인센티브를 제공해 다른 주에 비해 전기자동차 점유율이 높은 편인데, 그 외의 주에서는 전기자동차 시장 점유율이 크게 증가하고 있지 않다.

왜 이러한 현상이 발생하고 있을까? 소비자들이 전기자동차보다 내연기관 자동차를 소유하는 것이 현재로서는 더 합리적이라고 판단하고 있기 때문이다. 소비자들은 다음과 같은 이유로 전기자동차 구매를 꺼린다.

포르쉐 타이칸

1. **짧은 주행 거리에 대한 불안감**: 지난 몇 년간 배터리 용량이 늘어나기는 했지만 전기자동차는 내연기관 자동차에 비해 여전히 주행 거리가 짧다. 시중에 나와 있는 전기자동차의 대부분은 주행 거리가 300마일을 약간 넘는 수준이다.

2. **긴 충전 시간**: 테슬라와 포스쉐가 상당한 개선을 이루었지만 배터리 충전을 위해서는 많은 시간을 기다려야 한다.

3. **장거리 여행 불편**: 짧은 주행 거리와 긴 충전 시간은 여행 계획에 세우는 데 부담을 줄 수밖에 없다. 더군다나 충전소의 위치를 모르면 전기자동차로 장거리 여행을 계획할 수 없고, 충전소에서 대기하는 시간까지 감안하면 여행 계획을 세우는 데 큰 어려움이 발생한다.

4. **시외 이용 불편**: 전기자동차는 대부분 도심 내에서 이용하기 편하다.

도심 내에서는 장거리를 운행하지 않아도 되고, 충전소가 많이 있기 때문이다.

5. **반쪽짜리 친환경**: 전기자동차를 타는 사람들 중 상당수는 "친환경을 위해 전기차를 탄다"고 말한다. 하지만 엄밀히 말하자면 전기자동차는 완벽한 친환경 자동차가 아니다. 배터리를 만드는 데 필요한 것이 무엇인지 생각해 보자. 해외에서 채굴된 광물과 금속으로 리튬이온 배터리를 만들고, 또 배터리를 폐기하는 과정에서 환경오염을 일으킨다. 더군다나 전기자동차 운행에 필요한 전기 공급도 문제다. 전력 그리드가 실질적으로 업그레이드되지 않는 한 전기자동차가 내연기관 자동차를 대체하는 것은 현재의 가용 용량을 고려하면 불가능하다.

그리고 전기자동차에 공급하는 전기가 어떻게 만들어지는지를 생각하면 친환경이 아니다. 우리가 사용하는 전기의 대부분은 화석연료 발전소 또는 원자력 발전소에서 만들어진다. 풍력 발전소와 태양광 발전소도 있지만 그 비율은 상대적으로 낮다. 전력 산업에 거대한 변화가 있기 전까지 테슬라, 볼트, 리프, 아이오닉 등의 전기자동차를 운행하는 데 필요한 전기는 주로 천연가스, 우라늄, 석탄으로 생산될 것이다. 참고로 미국에서 2020년에 생산한 수력발전을 포함한 친환경 전력은 미국 전체 전력의 20%만 생산했을 뿐이다. 천연가스가 41%, 원자력이 20%, 석탄이 19%의 전력을 생산했다.

6. **비싼 차량 가격**: 미국 시장에서 판매되는 전기자동차의 종류가 늘고 있는데, 고급 모델의 경우 차량 가격이 10만 달러가 훌쩍 넘는다. 폭스

테슬라 모델 X

바겐의 골프 E와 닛산의 리프 등 저렴한 전기자동차가 있지만 전기자동차는 여전히 내연기관을 사용하는 동급 모델보다 훨씬 더 비싸다. 중앙정부 또는 지방정부가 전기자동차 구매자에게 인센티브를 제공해 주기는 하지만 비싼 차량 가격을 만회할 만큼은 아니다.

7. **수리 불편**: 전기자동차는 일반 자동차 정비소에서 수리받기 힘들다. 한국의 경우 일반 자동차 정비소 중에서 전기자동차를 수리할 수 있는 곳은 3%에 불과하다. 기아자동차 등 자동차 제조사가 운영하는 전기자동차 정비소를 이용해야 한다. 일부 국가에서는 안전 기준을 충족하기 위해 지정된 전기자동차 정비소에서 수리해야 하고, 수리 비용 또한 많이 든다.

8. **과도한 무게**: 테슬라 모델 X와 같은 일부 고급 모델은 배터리 팩의 무게만 1,000파운드 이상이다. 일반적인 전기 자동차의 무게는 4,600파운드가 넘는데, 차량이 무거워서 타이어 마모도 많이 되고, 더 많은 에너지가 소비된다.

9. **저온 문제**: 겨울에 춥고 많은 눈이 오는 지역에서는 배터리 소모량이 증가한다. 겨울에 전기자동차는 주행 거리가 감소되는 경우가 많다.

10. **낮은 최고 속도**: 일부 모델을 제외하고 대부분의 전기자동차는 속도 제한이 있다. 폭스바겐 골프 B와 기아자동차의 소울 EV는 최고 속도가 100마일 이하로 제한되어 있다. 향후 이 문제가 기술적으로든 규제적으로든 해결될지 모르겠지만, 현재로서는 속도 제한이 있다.

11. **고속 주행 시 높은 에너지 소비**: 현재 자동차 제조사들이 자랑하는 에너지 소비율은 평균 수치 또는 시내 주행 수치를 토대로 한 것이다. 고속도로를 주행할 경우 그 수치는 훨씬 낮아지고, 심한 경우 최대 50% 이상 효율이 떨어진다.

12. **과적 상황**Heavy Loads **에서 높은 에너지 소비**: 배터리 팩이 아무리 강력하고 크더라도 과적 상황에서 전기자동차는 에너지가 빠르게 소모된다.

13. **산업과 사회의 문제**: 기존 내연기관 자동차를 전기자동차로 대량 대체한다면 자동차 산업을 비롯해 여러 산업 분야를 혼란에 빠뜨릴 수 있다. 2035년까지 내연기관 자동차를 퇴출시키겠다는 캘리포니아의 목표가 미국 전체로 확산된다고 가정하면, 광범위한 산업 분야에서 큰 혼란이 일어날 것이다. 엔진 부품, 연료 분사 시스템 등의 관련 제

품을 생산하는 기업뿐만 아니라 화석연료를 기반으로 존속하는 기업들도 큰 영향을 받게 될 것이다. 수백만 명의 실직에 따른 금전적 대책을 마련하고, 새로운 일자리도 만들어야 하는 등 사회적 비용도 고려해야 할 것이다.

14. **자동차 제조사들의 고민**: 일부 자동차 제조사의 경우 모든 자동차를 전기자동차로 만들겠다고 홍보하고 있지만, 주요 제조사들이 모두 이러한 전환에 전적으로 참여하고 있지는 않다. 거의 모든 주요 자동차 제조사들이 한 종 이상의 전기자동차를 출시하고 있지만 모든 자동차를 전기자동차로 출시하는 것에는 회의적일 수 있다. 특히 개발도상국가나 저개발국가의 소비자를 고려하면 더욱 그렇다. 이들 국가에는 전기 충전 인프라가 부족하기 때문에 전기자동차를 실질적으로 사용할 수 없다. 게다가 차량 가격도 비싸서 판매가 잘되지 않을 것이다. 세계 최대 시장인 중국은 전기자동차 활성화를 야심차게 추진하고 있지만 실행 과정에서 큰 어려움을 겪고 있다.

각국 정부의 적극적인 추진에도 불구하고 내연기관 자동차를 전기자동차로 완전히 대체하는 데는 상당한 시간과 노력이 필요할 것이다. 이러한 추세를 고려해 우리는 향후 전기자동차 시장에 대해 다음과 같은 예측을 내려 본다.

첫째, 앞으로 5년 후 미국 내 전기자동차 판매가 신차 판매의 25% 이상을 차지할 것이다. 카구루스CarGurus가 미국 자동차 소유자를 대상으로 한 설문조사에 따르면, 응답자의 30%는 5년 이내에, 52%는 10년 이내에 한 대 이상의 전기자동차를 소유할 것으로 조사되었다. 이는 전 세계 전기자동차 시장 점유율 예측 수치보다 높은 수치인데, 인구 통계적으로 미국의 자동차 소유자들이 대부분의 다른 선진국의 자동차 소유자보다 젊기 때문이다. 결론적으로 미국은 전 세계 자동차 제조사들이 첨예하게 경쟁하는 세계 최대의 시장이 될 것이다.

둘째, 자동차 제조사들이 전기자동차 목표 판매량을 달성하기 위해서는 비용, 신뢰도, 환경 등과 관련된 여러 문제를 해결해야 할 것이다. 바이든 행정부는 '2021 인프라 법안'을 통해 미국 내에 50만 개의 전기자동차 충전소를 구축하고 그에 따른 자금을 지원함으로써 전기자동차를 확산하겠다고 발표했다. 그러나 또 다른 장벽들이 남아 있다. 이 장벽들은 다음과 같다.

셋째, 전기자동차의 시장 점유율을 높이기 위해서는 배터리 생산에 필요한 자원을 충분히 확보해야 할 것이다. 앞으로 전기자동차 시장 규모가 커지는 것을 감안할 때, 전기자동차 제조사들은 배터리 제조사로부터 배터리를 충분히 확보해야 하고, 배터리 제조사는 배터리 소재인 양극재와 음극재를 생산하는 기업들로부터 배터리 소재를 충분히 확보해야 한다. 또 배터리 소재를 제조하는 기업은 주문량을 감당할 수 있을 만큼 충분한 자원을 확보해야 할 것이다. 케임브리지대학 명예교수 마이클 켈리Michael Kelly의 연구에 따르면, 2040년에 전 세계적으로 판매될 것으로 예상되는 6천만 대의 전기자동차를 생산하려면 배터리를 제조하는 데만 다음과 같은 엄청난 양의 자원이 필요하다.

- 전 세계 연간 구리 생산량의 100% 이상
- 전 세계 연간 코발트 생산량의 400% 이상
- 전 세계 연간 탄산리튬 생산량의 150% 이상
- 전 세계 연간 네오디뮴 생산량의 200% 이상

2019년 전 세계 자동차 판매 대수는 총 6,500만 대인데, 2040년에는 연간 1억 2,000만 대로 증가할 것이다. 오늘날 전 세계에는 12억 대의 차량이 있으며, 2040년에는 16억 대에 이를 것으로 예상된다. 결국 연간 6천만 대의 자동차를 생산하려면 채굴 가능한 광물 매장량을 충분히 확보해야 할 것이다. 전기자동차 배터리의 양극재와 음극재를 생산하는 한국의 포스코케미칼은 리튬 등 광물 자원을 충분히 확보하고 있는데, 이 기업의 미래는 매우 밝다.

포스코케미칼 양극재 광양 공장

넷째, 2040년까지 전 세계 자동차의 3분의 1, 즉 5억 2,800만 대가 전기자동차로 교체되면 전례 없는 폐기물 처리 문제가 생길 것이다. 블룸버그는 2040년까지 전 세계 자동차의 33%, 즉 총 16억 대 중 5억 2,800만 대가 전기자동차로 대체될 것으로 예측하고 있다. 그렇게 되면 5억 2,800만 대의 전기자동차에 전력을 공급하는 5,280억 파운드의 리튬 이온 배터리를 언젠가는 폐기해야 한다. 전기자동차 1대에는 1,000파운드 용량의 배터리가 들어가는데, 이를 위해 약 50만 파운드의 광석이 채굴되어야 한다. 세계 주요 광물 수출국인 콩고 등의 국가는 광석 채굴로 인해 환경 문제가 심각할 정도로 커질 수 있다.

다섯째, 비용과 환경 등 여러 문제가 있으니 현재 출시되는 배터리 전기자동차는 2030년 이후 보다 개선된 우수한 전기자동차로 대체될 것이다. 1990년대에 아날로그 휴대전화가 등장했는데, 벽돌처럼 무겁고 성능도 뛰어나지 않았다. 단지 전화통화만 할 수 있었고, 문자 메시지나 유튜브 시청은 엄두도 못 냈다. 아날로그 휴대전화가 스마트폰으로 대체된 것처럼 배터리 전기자동차는 보다 개선된 전기자동차로 대체될 것이다.

다행히 배터리 전기자동차의 문제점을 개선한 새로운 솔루션들이 등장하고 있다. 현대자동차는 수소연료전지자동차 넥소를 제조해 판매하고 있다. 수소연료전지자동차는 수소를 에너지원으로 하여 전기를 생산하고, 생산된 전기로 모터를 돌려 동력을 얻는 자동차이다. 여러 국가들이 내연기관 자동차를 감축하겠다는 정책들을 연이어 발표하면서 전기자동차와 함께 수소연료전지자동차가 주목받고 있다. 수소연료전지자동차의 에너지원인 수소는 전기분해 등으로 쉽게 얻을 수 있으며, 자연환경에 무한히 존재하는 원소이다. 연소될 때도 유해가스나 온실가스를 배출하지 않고 물만을 배출하므로 친환경적이다. 또 에너지 효율이 가솔린과 디젤 등 내연기관 자동차보다 높다.

우리는 전기자동차를 완벽한 친환경자동차라고 생각하는데, 발전소에서 생산한 전기를 이용해 배터리에 전력을 충전하기 때문에 엄밀히 말하자면 완벽한 친환경자동차라고 할 수 없다. 화력이나 원자력 등 발전소를 가동하기 위해서는 환경을 오염시킬 수밖에 없는데, 발전소에서 생산한 전기를 이용하는 전기자동차는 반쪽짜리 친환경 자동차인 셈이다. 또 전기자동차는 전기에너지를 배터리에 저장할 수는 있지만 단위 무게당 에너지 저장량이 적다는

현대자동차 넥쏘

단점이 있다. 반면에 수소연료전지자동차는 수소를 5분 충전하면 600㎞ 이상 운행할 수 있으므로 전기자동차에 비해 에너지 효율성이 높다. 현대자동차가 생산하는 넥소는 1회 충전으로 609km 주행하고, 1회 충전하는 데 5분밖에 안 걸린다.

현대자동차는 2023년에 현재 판매 중인 넥소보다 가격을 50% 이상 낮춘 3세대 수소연료전지자동차 신형 넥쏘를 출시할 계획이다.

플라잉 카,
상용화가 시작된다

오늘날 전 세계 주요도시들은 상습정체를 보인다. 아무리 비싸고 좋은 고급 세단이더라도 상습정체를 피할 수는 없다. 출근시간 또는 약속시간이 다 되어가는데, 도로 위에서 옴짝달싹 못하면 답답함이 이루 말할 수 없을 것이다. 그래서 1990년대부터 하늘을 나는 플라잉 카Flying Car를 꿈꾸게 되었는데, 플라잉 카를 기반으로 미래항공모빌리티Advanced Air Mobility, AAM 산업이 이제 큰 도약을 앞두고 있다. 앞으로 어떤 기회의 장이 열릴 것인가? 향후 수년 내에 어떤 일을 기대할 수 있을까?

리프트 에어크래프트가 개발한 헥사는 1명의 승객을 태우고 10~15분 정도 비행이 가능하다. 관광지에서 관광객을 태워 멋진 경험을 제공하기 위해 만든 것으로, 항공기가 아니라 드론이라서 항공 라이선

리프트 에어크래프트의 '헥사'

스가 없어도 된다. VR(가상현실) 훈련을 통해 간단한 사용법을 익힌 뒤 조이스틱이나 아이패드를 이용해 조종하면 하늘을 날 수 있는데, 기본적으로 컴퓨터가 스스로 컨트롤하므로 안전하게 비행할 수 있다. 헥사에는 18개의 프로펠러가 달려 있는데, 단 한 개라도 작동하지 않으면 자동 착륙을 유도하는 등의 안전장치도 작동된다. 최악의 상황이 발생하면 원격제어로 안전하게 착륙시킬 수 있고, 낙하산이나 수상 착륙 장비 등도 준비되어 있다.

지난 30년간 NASA를 필두로 도심항공모빌리티Urban Air Mobility, 개인비행자동차Personal Aviation Vehicle, 항공택시Air Taxi, 플라잉 카

Flying Car로 불리는 미래항공모빌리티Advanced Air Mobility 산업에 필요한 기술과 비즈니스 모델이 꾸준히 발전해 왔다. 하지만 2015년까지 미래항공모빌리티에서 새로운 기회를 발견하고자 한 이들은 소수의 미래학자와 엔지니어들뿐이었다.

이후 이 2015년을 기점으로 차량 호출 응용 프로그램, 전기 추진 기술, 차세대 항공 전자공학이 융합되어 보잉Boeing, 에어버스Air Bus, 엠브라에르Embraer, 우버Uber 등 다양한 기업들이 이 산업에 상업적 관심을 드러내기 시작했다. 최근에 벌어진 5가지 주요 이슈를 살펴보자.

1. 이 산업계는 2021년 70억 달러의 신규 투자를 유치했다. 이는 지난 10년 동안 이루어진 총 투자의 두 배 이상이다. 2010년부터 2021년까지 이루어진 미래항공모빌리티에 대한 투자는 128억 달러에 달하는데, 그중 약 75%가 미래항공모빌리티Advanced Air Mobility에 투자되었다.

2. 2021년에 블레이드 에어 모빌리티Blade Air Mobility, 조비 에비에이션Joby Aviation, 릴리움Lilium, 아처 에비에이션Archer Aviation, 버티컬 에어로스페이스Vertical Aerospace 등 5개의 미래항공모빌리티 기업이 스팩SPAC (기업인수목적회사)과 합병을 통해 상장되었다. 이들의 시가총액은 107억 달러이다. 또 다른 회사인 이브 에어 모빌리티EVE Air Mobility는 2022년에 상장되었다.

3. 미래항공모빌리티 산업은 2021년에 261억 달러 상당의 약 6,850대의 항공기에 대한 주문 계약을 체결했다. 그중 80%가 유인 미래항공모빌리티였다. 이러한 주문의 대부분은 조건부이며 구속력이 없지만 최근 들어 주문량이 급증했으므로 그만큼 수요가 늘었음을 입증한 셈이다.

4. 2021년에 OEM, 공급업체, 운영자를 포함한 기존 항공업체들이 이 산업의 확장과 개발을 지원하기 위해 자신들의 경험과 매뉴얼을 만천하에 공개했다. 2021년 말에 이르러 10대 항공우주 OEM 중 5개가 미래항공모빌리티 프로그램 활동을 공개적으로 시작하거나 다른 유명 업체에 투자했다. 10대 항공우주 공급업체 중 7개가 현재 미래항공모빌리티 분야에서 활동하고 있다. 그리고 가장 큰 10개 항공사 중 4개도 미래항공모빌리티 분야에 진출했다.

5. 2021년은 일반 대중이 이 새로운 산업에 대해 처음으로 가장 많은 뉴스를 접한 해였다. 맥킨지 컨설팅은 전 세계 주요 시장의 약 4,800명의 소비자를 대상으로 한 설문 조사에서 응답자의 약 4분의 1이 출퇴근, 심부름, 비즈니스, 레저 여행, 공항 이용과 같은 용도로 미래항공모빌리티를 확실히 선택할 것이라고 밝혔다.

PC와 자동차 산업의 초창기처럼 미래항공모빌리티는 유인 항공기 부문과 관련된 300개 이상의 기업들과 무인 항공기와 관련된 기업들이 함께 성장세를 맞이하고 있다. 그리고 이미 미래항공모빌리티 분야의 일부 선두 기업들은 플라잉 카의 상용화에 앞장서 대비하고 있다.

선두 기업 중 하나는 억만장자 래리 페이지Larry Page의 키티호크 코퍼레이션Kitty Hawk Corporation이 후원하는 위스크Wisk다. 2021년에 위스크는 보잉으로부터 4억 5천만 달러의 자금을 투자받았다. 이로 인해 위스크는 세계에서 가장 많은 자금을 투자받은 미래항공모빌리티 기업 중 하나가 되었다.

이 투자자금은 6세대 전기수직이착륙Electric Vertical Take-Off and Landing, eVTOL 항공기를 개발하는 데 사용될 것이다. 현재 위스크의 항공기는 미국 최초의 자율 승객 수송 항공기 인증 후보이다. 이 인증은 2028년에 이뤄질 것으로 예상된다.

위스크의 '에어 택시'는 완전히 전기로만 구동된다. 덕분에 기존 소형 항공기에 비해 사용되는 부품을 줄일 수 있으므로, 제조비용을 획기적으로 줄이고 소비자가 원하는 가격으로 판매할 수 있다. '에어 택시'는 유지 관리 비용, 운영 비용, 승객 마일당 비용을 낮게 유지하기 위해 조종사 인건비를 지불할 필요가 없는 무인항공기Unmanned Aerial Vehicle, UAV로 개발할 계획이다. 이들의 목표는 기존의 택시처럼 저렴한 일상적인 교통수단을 만드는 것이다. 위스크는 인프라 비용을 줄이기 위해 기존 헬기 착륙장과 공항을 활용해 전기 충전소와 승객을 태우고 내릴 수 있는 기능만 추가할 계획이다. 위스크의

위스크의 '에어 택시'

CEO는 아직 공식적으로 발표하지는 않았지만 이미 20개 도시에 서비스 출시 계획을 알리고 있다.

이 산업의 또 다른 개척자는 독일 회사 릴리움Lilium이다. 릴리움은 인간 조종사를 활용해 2024년에 첫 상업 비행을 소비자에게 제공할 계획이다. 도심항공모빌리티 산업이 더욱 발전하려면 항공기에 대한 각종 규제가 완화되어야 하는데, 안타깝게도 교통안전과 국가안보 등의 문제 때문에 관련 규제가 쉽게 풀리기는 힘들 것이다. 릴리움은 최신 자율 운행 시스템을 사용하더라도 초기에는 인간 조종사가 필요하다는 점에 주목해 인간 조종사가 운행하는 에어 택시를 상업화할 것이다.

앞으로 자율 운행 시스템이 대세가 되더라도, 인간 조종사는 1인당 5대, 10대, 20대, 심지어 30대의 무인항공기를 감독하며 지상에 머무를 것이다. 릴리움은 초기에는 '조종사가 통제하는 서비스'에서 '자동으로 통제되는 무인항공기 서비스'로 점차적으로 운행 시스템을 바꿀 계획이다. 릴리움에 따르면 "갈수록 자동으로 통제되는 무인항공기 서비스가 확산됨에 따라 한 명의 조종사가 운영할 수 있는 항공기의 수가 대폭 증가할 것"이다.

릴리움의 초기 서비스가 계획된 곳은 미국 플로리다와 독일과 브라질, 스위스 등 일부 지역이다. 많은 기업들이 주로 도시 내의 다양한 지역을 오가는 승객과 화물에 집중하는 데 반해, 릴리움은 지역과 도시 간 이동 서비스를 제공할 계획이다. 릴리움의 웹사이트에서는 미국 샌프란시스코에서 타호 호수까지 자동차로 이동하는 데 거의 4시간이 걸리지만, 전기수직이착륙 항공기로는 1시간 미만이 소요된다고 설명하고 있다. 마찬가지로 스위스 취리히에서 장크트모리츠까지 차로는 2시간 30분 걸리지만, 이들의 항공기를 이용하면 29분이면 충분하다.

수직이착륙 항공기의 장점 중 하나는 '저소음' 구동이다. 저소음 구동은 지역 사회와 도시의 환경을 고려할 때 매우 중요하다. 현재의 헬리콥터는 아주 오래전부터 수직이착륙을 할 수 있었지만 매우 시끄럽고 많은 비용을 발생시킨다. 그런데 전기수직이착륙 항공기는 이 문제를 해결할 수 있다. 릴리움은 처음부터 이 두 가지를 해결하는 것을 핵심 전략으로 내세웠다. '수직이착륙'과 '항공기'의 경

릴리움의 전기수직이착륙 항공기

제성을 실현하기 위해 릴리움을 비롯한 여러 기업들은 시간당 수백 (또는 수천) 명의 승객을 처리할 수 있는 수직이착륙 비행장, 즉 '버티포트vertiport'를 염두에 두었다. 버티포트에는 하나 이상의 착륙장과 6~10개의 게이트가 있어 전기수직이착륙 항공기가 충전되는 동안 승객이 충전 완료된 항공기에 탑승할 수 있다. 이 모든 게이트와 착륙장은 중앙 관제를 통해 연결된다. 또한 승객들은 휴대전화로 항공편을 체크인하고 음식과 음료를 구입할 수 있는 일종의 라운지도 이용할 수 있을 것이다. 릴리움은 이러한 인프라를 통해 사람들의 유입과 유출이 빠르게 이뤄지는 것을 구상하고 있다.

전기수직이착륙 항공 산업의 가장 큰 장점 중 하나는 기존 대형 비행기를 이용할 때보다 탑승 과정이 매우 간단하다는 것이다. 도심 곳곳에 버티포트가 마련되면 자동차로 공항까지 가서 비행기를 타기 위해 탑승수속을 받는 데 1시간 이상 소요되는 불편함을 없앨 수 있다. 버티포트를 이용하면 단 2~3분 만에 탑승할 수 있기 때문이다.

결론은 무엇인가? '플라잉 택시'라는 공상 과학 소설에서만 봤던 일이 현실이 되고 있다. 이것이 상용화되기까지는 아직 시간이 더 걸릴지 모르지만 이와 관련된 비즈니스가 전 세계에서 크게 확산될 것이다.

따라서 기존 항공 및 운수 업계는 이러한 패러다임의 변화에 대비해야 한다. 미래항공모빌리티와 관련된 기술의 속도와 사회적 인프라, 각 기업들의 경쟁을 고려할 때, 2023년 이후 이 산업은 더욱 뜨거운 관심을 받을 것이다. 우리는 이 산업에 대해 다음과 같은 예측을 내려 본다.

첫째, 미래항공모빌리티 산업은 2025년에 상용화 단계에 진입할 것이고, 2030년이 되면 전기수직이착륙 항공기가 일상생활의 일부가 되어 기하급수적으로 성장할 것이다. 이 분야의 전문가들에 의하면 미래항공모빌리티 분야의 수익은 2035년에 4조 달러에 이를 것이다. 미래항공모빌리티는 사람들이 통근하는 방식에 혁명을 일으킬 것이다. 이 새로운 기술에는 수많은 응용 프로그램도 필요할 것이고, 이와 관련된 프로그램을 개발하는 IT 업체도 성장시킬 것이다. 오늘날 지상의 도로에는 스포츠카에서 트럭, 버스에 이르기까지 바퀴가 달린 것들이 달리고 있는데, 이제 우리는 공중에서 이와 비슷한 것을 보게 될 것이다. 도시 간 셔틀 노선, 관광 애플리케이션, 택시 애플리케이션, 화물 애플리케이션 등에 각종 전기수직이착륙 항공기가 등장할 것이다. 또한 다양한 미래항공모빌리티, 무인항공모빌리티 제품과 비즈니스 모델이 등장할 것이다.

둘째, 미래항공모빌리티 산업은 2025년부터 택시와 화물 등 운수 업계부터 확산되다가 2030년 이후부터는 개인 소비자도 자가용처럼 이용하게 될 것이다. 2030년부터 2045년까지 수직이착륙 항공기를 사용하는 것이 오늘날의 자동차 운전처럼 일상화될 것이다. 이 분야의 선도 기업들의 사명은 모두에게 저렴한 고속 운송 시스템을 만드는 것이다. 다만 초기 단계에서는 이

베셀의 KLA-100

용 가격이 높을 것이기 때문에 기업 경영자 등 고소득층이 자가용으로 전기수직이착륙 항공기를 구매할 가능성이 크다. 하지만 장기적으로 전기수직이착륙 항공기가 보편화되고 규모의 경제가 작용하면서 모두가 이용하게 될 것이다.

일례로 한국의 민간항공 기업 베셀은 2인승 경량항공기 KLA-100을 개발했다. 2017년 KLA-100의 초도비행에 성공하고, 경량항공기 안전성 인증도 받았다. 또 대량생산 체계를 갖추기 위해 중국 강소성에 3,000평 규모의 공장을 구축했다. KLA-100은 장거리 및 고속 비행에 적합한 2인승 경량항공기(중량 600kg)다. 최고 시속은 190km이며 최대 10시간 비행 가능하다. 최대운항거리는 1,400km다. 게다가 KLA-100의 대당 가격은 20만 달러에 불과하다. 벤츠 등 고급 세단보다 약간 비싼 편이다. 이처럼 가성비가 뛰어난 항공기가 출시되고 있으므로 전기수직이착륙 항공기가 보편화될 것이다. 세계 주요도시에서 전기수직이착륙 항공기가 날아다닐 것이다.

셋째, 2035년까지 4조 달러의 글로벌 산업을 창출한다는 목표를 달성하기 위해 기업들은 2030년까지 수많은 물리적 인프라를 구축할 것이다. 호텔과 빌딩 등의 옥상 위는 물론 소규모 마을 또는 가정에도 버티포트가 들어설 것이다. 그리고 이러한 인프라가 구축되면, 릴리움과 같은 기업들은 개인 간 소규모 이동, 즉 2인승의 개인 호출 서비스를 제공할 것이다. 무인항공기를 운행하면 이러한 호출형 플라잉 택시를 저비용으로 이용할 수 있을 것이다.

넷째, 미래항공모빌리티의 선두 기업들은 공급망 구축에 집중할 것이다. 기업들이 설계를 완성하고 제조를 준비함에 따라 안정적인 공급망이 필요할 것이다. 기존의 우주항공 산업의 공급업체들은 이제 이 새로운 시장에 관심을 기울일 필요가 있고, 시장에 새로 진입할 신규 공급업체는 기존 우주항공 산업에서 요구하는 수준의 충족 조건, 즉 품질 보증, 인증을 준비해야 할 것이다.

다섯째, 이 새로운 산업에서 성공을 원하는 기업들은 '운영'에 집중할 것이다. 상업 서비스를 목전에 두고 각 기업들은 항공기 개발과 제조를 넘어 무엇보다도 조종사 훈련, 지상 인프라, 유지 보수와 같은 영역에서의 고객 경험, 비행 운영 등으로 그 초점을 확장해야 할 것이다.

여섯째, 궁극적으로 이 산업에는 정부를 비롯해 대기업, 중소기업 등이 참여할 것이다. 대기업과 중소기업 모두 수익성이 있는 틈새시장을 찾을 수 있다. 시장이 성장함에 따라 생태계가 형성될 것이고, 그 시점에서 투자자들에게는 투자에 대한 선택지가 더 많아질 것이다. 이 산업에는 앞으로 더 많은 기반 시설과 공급망 개발이 진행될 것이며, 정부에서도 자금 지원을 추진할 것이다.

합성생물학,
의료·식품·화장품 산업의 블루칩

합성생물학이 의료 산업을 비롯해 식품, 화장품 및 생분해성 포장을 포함한 제품이 제조되는 방식에 큰 영향을 미치면서, 현재 많은 분야로 확장되고 있다. 엄청난 부가가치를 창출할 수 있는 합성생물학의 미래와 만나보자.

의약품 개발사 제넨텍Genentech이 인간의 인슐린 유전자를 효모 세포에 삽입하면 당뇨병을 치료하는 단백질을 생산할 수 있다는 사실을 발견했을 때, '생물 메커니즘을 이용한 제조' 기술, 즉 합성생물학에 대한 관심이 고조되었다. 그러나 합성생물학이 등장한 지 40년이 지났지만 이제까지는 그 잠재력을 제대로 활용하지 못했다. 그런데 의료 산업에서 시작된 합성생물학이 실험실에서 배양한 육류, 화장

제넨텍Genentech이 당뇨병을 치료하는 단백질을 생산할 수 있다는 사실을 발견하면서 합성생물학이 관심받게 되었다.

품 등과 생분해성 포장을 비롯해 제품의 제조 방식에 중대한 영향을 미치면서, 현재 많은 분야로 확장되고 있다.

맥킨지앤컴퍼니McKinsey & Company는 2020년 5월 보고서를 통해, 전 세계 경제의 물리적 투입량의 최대 60%가 합성생물학을 통해 생산될 수 있고, 그 결과 2030년에서 2040년까지 연간 최대 3조 4,000억 달러의 직접적인 경제적 이익이 발생할 수 있다고 밝혔다. 앞으로 수년 내에 여러 산업에서 합성생물학의 영향력이 커지면서 매력적인 투자 기회가 많이 생길 것이다. 인터넷 혁명과 마찬가지로, 합성생물학을 효과적으로 활용하는 기업은 새로운 부로 번영을 누리게 될 것이다. 따라서 경영자와 투자자라면 합성생물학의 막대한 잠재력에 관심을 가져야 할 것이다.

이것이 얼마나 혁명적인지 이해하려면, 재료 과학의 마지막 주요 발전이 석유 부산물인 플라스틱의 발명과 함께 20세기 초에 일어났다는 점을 염두에 두어야 한다. 그 이후 약 100년이 지난 지금 우리는 또 다른 거대한 도약을 하려 한다. 대기 중 이산화탄소를 생산 원료로 사용하는 것부터 완전히 생분해가 가능한 제품을 만드는 것까지, 합성생물학이 모든 것을 바꿀 것이다.

합성생물학은 우선 DNA 시퀀싱 비용을 크게 줄여 의료 산업에 혁명을 일으킬 것이다. DNA 시퀀싱은 의료 산업뿐만 아니라 다른 산업에서도 많이 활용될 수 있다. 그러나 이러한 잠재력에도 불구하고 투자자들은 이 기술의 영향력을 과소평가하고 있는 것 같다. 인간 게놈을 읽는 비용은 2000년 이후 약 100만 배 감소했다. 이로 인해 DNA를 특정 단백질 및 그 기능에 연결하는 방법이 크게 발전해 합성생물학을 활용하는 새로운 방법이 밝혀졌다.

DNA 시퀀싱 비용이 더욱 저렴해져 게놈 데이터를 보다 빠르게 효과적으로 처리할 수 있게 되었다. 인간의 게놈에는 약 30억 개의 염기쌍이 존재한다. 오늘날 게놈 정보 분석은 훨씬 더 수월해졌는데, '저렴한 처리 능력'과 머신 러닝과 빅데이터 분석 기술이 발전했기 때문이다. 덕분에 DNA의 변화를 신체 기능 및 건강 결과에 연결할 수 있다.

DNA 시퀀싱 비용 외에도 'DNA 합성'이라고 하는 새로운 DNA를 생성하는 비용도 빠르게 감소하고 있다. 제넨텍이 인슐린 유전자를 효모 세포에 삽입할 때는 올바른 인간 유전자와 DNA를 필요로

합성생물학은 유전자 편집 기술도 발전시켰다.

했다. 하지만 이제 연구자들은 그들이 원하는 것을 설명하는 A, T, C 및 G 문자열을 업로드한 후 저렴한 DNA 세그먼트를 온라인으로 주문할 수 있다. 이러한 발전은 '만약 약간 다른 버전의 유전자가 숙주 세포에 삽입된다면?'과 같은 질문에 대한 답을 구하도록 설계된 완전히 새로운 실험을 가능하게 한다. 또는 '숙주 세포가 생산할 수 있는 다른 단백질은 무엇인가?'에 대한 실험도 가능하다.

합성생물학은 기존 게놈을 저렴하고 정확하게 변경시키는 유전자 편집 기술도 발전시켰다. 유전자 편집은 마이크로소프트 워드프로세스의 '복사 및 붙여넣기' 기능을 수행하는 것과 같다. 그리고 사용이 너무 쉬워 누구나 온라인으로 유전자 편집 키트를 주문하고 집에서 실험을 진행할 수 있다. 이제 연구자들은 30억 글자의 유전자

지침서를 가져와 정확한 변경을 가하여 자신이 만든 새로운 DNA를 삽입하고 어떤 일이 일어나는지 지켜볼 수 있다.

유전체학에서 가장 어려운 질문 중 하나는 수백만 개의 유전적 차이를 신체 기능 측면에서 실제 의미와 연결하는 방법이다. 최근까지 연구자들은 희귀 돌연변이와 관련된 소수의 사례를 연구하며 기존 게놈을 사용하는 수준에 머물러 있었다. 연구자들은 무작위 변화를 유도하기 위해 방사선으로 게놈에 충격을 가하고, 박테리아와 같은 단일 세포로 실험을 진행했다. 크리스퍼카스 나인CRISPR-Cas9과 같은 최신 도구와 비교할 때 이러한 프로세스는 일관된 글이 나올 때까지 원숭이가 무작위로 키보드를 치는 것과 같다. 이제 새로운 유전자 편집 방법으로 과학자들은 게놈에서 표적화된 변화를 유도한 다음 관찰할 수 있게 되었다.

유전자 편집 기술과 관련된 연구가 2020년에는 6,200개 이상의 과학 출판물에 언급되어 널리 보급되고 있다. 그리고 이제 연구자들은 더 이상 자연의 게놈이나 단백질에만 실험을 국한하지 않는다. 단백질을 형성할 수 있는 아미노산의 조합은 우주의 원자 수보다 훨씬 많다. 결론은 무엇인가? DNA 시퀀싱, DNA 합성, 유전자 편집 및 인공지능 기반 데이터 분석이 융합되어 새로운 세상을 만들고 있다.

현재 합성생물학에서 나타나는 이러한 '기술의 융합'은 전혀 새로운 것이 아니다. 가장 최근의 사례 중 하나는 우버Uber가 지배하는 승차 공유 산업이다. 이 회사는 '유비쿼터스 스마트폰'과 '기다리는 동안 전화로 호출한 자동차의 위치를 추적할 수 있는 GPS 기술'을 융합했다. 넷플릭스는 어떤가? DVD 우편 주문 서비스로 시작한 이 회사는 '유비쿼터스 광대역'과 '개인맞춤형 콘텐츠를 제안하는 정교한 소프트웨어'와 함께 TV로 바로 영화를 스트리밍할 수 있을 만큼 빠른 인터넷을 제공함으로써 비약적인 성장을 이뤘다. 마찬가지로 여러 기술이 융합된 합성생물학은 앞으로 새로운 부를 창출할 것이다. 이러한 추세를 감안할 때 우리는 다음과 같은 예측을 내릴 수 있을 것이다.

첫째, 합성생물학은 2020년대부터 의료·식품·화장품 산업의 패러다임을 바꿀 것이다. 합성생물학을 활용하지 못하는 기업의 이익은 줄어들고 이것을 활용하는 기업은 부를 창출할 것이다. 비용이 줄어들고 기술이 빠르게 발전하고 있기 때문에 합성생물학은 의료·식품·화장품 산업 외에도 제품을 제조하는 데도 활용될 것이다. 정부와 기업가, 투자자라면 이 분야의 발전 상황을 계속 모니터링해야 할 것이다.

둘째, 앞으로 10년 동안 개인맞춤형 의학은 합성생물학의 최대수혜자가 될 것이다. 유전자 검사를 통해 환자 개개인에 적합한 가장 효과적인 치료법을 의사에게 제공하게 될 것이다. 1970년대에 합성생물학이 처음 등장했을 때 이와 관련된 의약품은 제약 산업의 파이프라인에 존재하지 않았다. 오늘날 합성생물학과 관련된 의약품들은 제약 산업 파이프라인의 40% 이상을 차지하고 있다. 현재 합성생물학과 관련된 의약품을 개발하는 회사 중 약 90%가 소규모 벤처기업인데, 이들이 획기적인 의약품을 개발하면 대형 제약회사들을 위협할 것이다.

셋째, 앞으로 수년간 합성생물힉과 관련된 스타트업과 이들에게 서비스를 제공하는 공급업체 위주로 성장할 것이다. 2020년에 벤처 캐피탈이 합성

오늘날 우리는 플라스틱을 많이 사용해 환경오염을 일으키는데, 2022년 5월 미국 텍사스대학 연구진은 머신 러닝 모델을 통해 플라스틱을 분해하는 효소 'FAST-페타제PETase'를 개발했다. 합성생물학으로 개발한 이 새로운 효소는 50도 이하 온도에서 수백 년 걸리던 플라스틱 분해 기간을 몇 시간에서 며칠로 단축시켰다.

생물학에 자금을 조달했는데, 이와 관련된 의료 분야 등 여러 분야가 급격히 성장했다. 합성생물학이 다른 산업으로 확산되고 비용이 계속 감소함에 따라 연구 및 생산이 가능한 회사는 더 큰 혜택을 볼 것이다. 여기에는 DNA 시퀀싱, DNA 합성, 유전자 편집, 인공지능 기반 데이터 분석이 포함된다. 유전체학은 새로운 제품을 발견하는 데 도움이 될 뿐만 아니라 세포의 제조 효율성을 높이는 데 활용될 것이다. 특히 DNA 시퀀싱 시스템 및 관련 소모품에 대한 수요를 늘릴 것이다. 크로마토그래피 및 질량 분석과 같은 분석 기술, 다양한 테스트 샘플을 이동하기 위한 액체 처리 자동화 장비 로봇이 널리 활용될 것이다.

넷째, 앞으로 30년 동안 합성생물학은 지속성장할 것이다. 오늘날 OECD를 비롯한 선진국들은 이미 GDP가 상승해도 자원의 절대 소비는 줄어드는 수준에 이르렀다. 그 외 국가들에서도 풍요의 시대를 거쳐 이러한 수준에 도달할 것이다. 저렴한 DNA 시퀀싱, DNA 합성, 데이터 분석, 유전자 편집은 합성생물학을 발전시키기 위한 토대를 마련했다. 합성생물학을 활용한 새로운 제품이 시장에 많이 등장할 것이다.

3D 바이오 프린팅,
장기와 조직을 만든다

인간 줄기세포와 3D 프린팅 기술이 만나 인체 조직과 장기를 제조할 수 있게 되었다. 이것이 가져올 혜택은 무엇일까? 현재 연구는 어디까지 이루어지고 있을까?

3D 바이오 프린팅은 고도로 정교한 기술로 인체 조직과 주요 장기를 프린팅하는 기술이다. 3D 바이오 프린팅은 환자의 특성에 맞춘 개인 맞춤형 장기를 제공해 줄 수 있으므로 장기 이식으로 인한 부작용을 일으키지 않을 것이다. 이 기술이 상업화되면 장기 이식이 필요한 환자뿐만 아니라 우리 사회에 엄청난 혜택을 줄 것이다.

현재 환자가 장기 이식을 받으려면 적절한 기증자를 기다려야 하고, 이식이 되더라도 환자의 신체와 맞지 않아 부작용이 생길 위험이 크다. 1990년대에 줄기세포 연구가 시작된 이래 바이오 프린팅이 등장했지만 환자의 실제 장기와 일치하는 복잡한 3D 구조물을 생산하는 데는 한계가 있었다. 조직의 ECMextra-cellular matrix과 조직의 성장 과정이 복잡하기 때문에 이식 가능한 조직이나 장기를 안정적으로 프린팅하는 것이 힘들었다.

그런데 최근 몇 년 동안 이 기술이 도약하고 있다. 이 기술의 잠재력을 실현하기 위해 연구자들은 조직을 만드는 소재인 바이오 잉크를 개발하고, 조직 성장 과정을 최적화하기 위해 노력 중이다. 2021년 2월, 싱가포르대학 연구팀은 다음과 같이 발표했다.

"바이오 잉크 개발 진전 이루다!"

"바이오 프린팅에서 새로운 전략을 발견하다!"

이 연구팀은 생체모방biomimicry, 혈관신생vascularization을 달성하고, 생물학적으로 정확한 인공장기를 만들기 위해 폴리머 과학polymer science에 특별한 관심을 기울였다.

현재 전 세계에서 개발 중인 연구들을 살펴보자.

1. 오늘날 가장 널리 사용되는 3D 바이오 프린팅은 바이오 잉크로 불리는 생물학적 재료를 주사기 펌프 압출기에 로딩하고 3D 개체를 만들기 위해 레이어별로 증착시키는 솔루션을 사용한다. 그러나 중력으로 인해 액체 상태인 바이오 잉크가 왜곡될 수 있다. 이러한 바이오 잉크

카네기멜론대학Carnegie Mellon 연구팀은 FRESHFreeform Reversible Embedding of Suspended Hydrogels로 성인의 기준에 맞는 크기의 조직과 기관을 프린팅했다.

의 왜곡으로 성인의 기준에 맞는 크기의 조직과 기관을 제작하는 것이 어렵다. 카네기멜론대학Carnegie Mellon 연구팀은 FRESHFreeform Reversible Embedding of Suspended Hydrogels라는 새로운 기술로 이 문제를 해결했다.

첫째, 지원 배스support bath는 압출 바늘의 움직임을 허용하면서 이들이 경화될 때 위치를 유지하면서 세포와 바이오 잉크의 프린팅을 가능하게 한다. 둘째, 프린팅 과정에서 높은 세포 생존력을 유지하는 환경을 제공한다. 셋째, FRESH는 프린팅의 인쇄 범위를 크게 늘릴 수 있다. 이로 인해 현재 다양한 연구기관들이 이 방식을 채택하고 있다.

2. 오늘날 3D 바이오 프린팅은 큰 장기를 만들기에는 너무 부정확할 뿐만 아니라 속도 또한 너무 느리다. 그러나 최근 또 다른 돌파구가 열렸다. 업계 표준보다 10배에서 50배 빠른 바이오 프린팅이 가능해진 것이다.

   이는 '광조형stereolithography'으로 불리는 3D 프린팅과 젤리 같은 '하이드로겔'을 결합한 것이다. 하이드로겔은 콘택트렌즈와 스캐폴드scaffolds 등 많은 제품을 만드는 데 이미 사용되고 있다. 연구팀에 따르면, 이 방법을 통해 센티미터 크기의 하이드로겔 모델을 빠르게 프린팅할 수 있고 자연환경에 장기간 노출되어 발생하는 변형과 손실을 모두 줄일 수 있다.

3. 실험실에서 성장한 대부분의 조직과 장기는 한 번 프린팅된 바이오 잉크에서 살아 있는 세포의 3D 형상을 유지하는 데 문제가 있다. 다행히 바이오 잉크에 실크 나노 섬유를 포함하면 이 문제를 해결할 수 있다. 오사카대학 연구팀은 실크 섬유가 포함된 바이오 잉크로 프린팅하면 구조물이 모양을 유지할 수 있는 새로운 기술을 개발했다.

4. 일반적으로 오늘날의 조직과 장기는 '원하는 장기와 조직의 기본 구조'를 제공하는 생분해성 지지 구조에 세포가 심어지는 스캐폴딩 방식scaffolding approach으로 배양된다. 그러나 스캐폴드 방식에는 여러 문제가 있다. 다행히 일리노이대학의 과학자들은 줄기세포로만 구

성된 잉크를 사용하여 지체 없이 생물학적 조직의 3D 프린팅을 할 수 있는 프로세스를 개발했다. 이 프로세스는 '하이드로겔 비드 욕조 hydrogel bead bath'를 사용하여 3D 바이오 프린팅을 한다.

하이드로겔 비드는 살아 있는 세포를 프린팅할 때 제자리를 유지하며 모양을 보존하게 해준다. 세포가 하이드로겔 비드 매트릭스에 프린팅되면 UV 광에 노출되어 비드가 제자리를 유지하게 한다. 그래서 세포가 서로 연결되어 안정적으로 성장할 수 있다. 이후 하이드로겔 비드의 분해를 제어하면 손상되지 않은 조직만 남게 된다.

5. 또 다른 방법은 러트거즈대학 연구팀이 개발했다. 신체의 많은 조직에서 발견되는 천연 분자인 히알루론산은 맞춤형 스캐폴드를 만드는 데 이용되는데 내구성이 약한 것이 흠이다. 연구팀은 변형된 히알루론산과 폴리에틸렌글리콜을 결합하여 화학 반응을 통해 강화된 겔을 형성하여 지지체 역할을 하도록 했다. 이 혼합물은 특정 세포가 적절한 조직으로 스캐폴드를 증식, 분화, 리모델링하는 데 적합한 특성을 갖도록 미세 조정된다. 이 연구팀은 히알루론산과 폴리에틸렌글리콜이 기본 '잉크 카트리지'가 되어 3D 프린팅을 할 수 있는 시스템을 구상하고 있다.

6. 복잡한 조직과 장기를 3D 바이오 프린팅하는 데 있어 가장 큰 문제는 혈관을 조직에 통합하는 것이다. 혈관이 시작되는 곳은 인간의 피부다.

렌셀러폴리테크닉대학Rensselaer Polytechnic Institute의 연구원들은 혈관이 있는 살아 있는 피부를 3D 바이오 프린팅하는 방법을 처음으로 개발했다. 3D 바이오 프린팅으로 피부 이식을 하기 위해 연구원들은 혈관이 환자의 신체에 통합되고 수용되도록 크리스퍼CRISPR 기술과 유사한 방법을 사용하여 기증자 세포를 편집했다. 이 기술은 정말 중요한데, 궁극적으로 개인 맞춤형 3D 바이오 프린팅의 신세계를 열 수 있기 때문이다.

7. 텔아비브대학Tel Aviv University 연구원들은 세계 최초로 심장 세포, 혈관, 심실로 이루어진 심장 전체를 성공적으로 설계하고 프린팅했다. 이 심장은 인간 세포와 환자 고유의 생물학적 재료로 만들어졌다. 이 재료들은 3D 바이오 프린팅을 위한 바이오 잉크로 쓰인다.

연구원들은 3D 바이오 프린팅으로 토끼 심장과 비슷한 크기의 심장을 만들었다. 앞으로 이 기술로 이보다 더 큰 인간의 심장을 프린팅할 수 있을 것이다. 연구원들은 환자로부터 지방 조직을 채취했고, 이후 조직의 세포 물질과 비세포 물질을 분리했다. 세포가 만능 줄기세포가 되도록 프로그래밍되는 동안, 콜라겐과 당단백질을 포함한 세포 외 매트릭스ECM로 불리는 '세포 외 거대 분자'의 3차원 네트워크가 잉크 역할을 하는 개인화된 하이드로겔로 처리되었다. 하이드로겔과 혼합된 이후 만능 줄기세포는 심장과 내피 세포로 효율적으로 분화되어 혈관이 있는 심장 패치를 생성했다. 그리고 이 패치들이 통합되어

텔아비브대학Tel Aviv University 연구원들은 세계 최초로 심장 세포, 혈관, 심실로 이루어진 심장 전체를 성공적으로 설계하고 프린팅했다.

전체 심장을 형성했다. 이렇게 만든 심장은 이식 부작용도 일으키지 않는다.

이 연구는 〈어드밴스드 사이언스Advanced Science〉에 소개되었는데, 연구원들이 개발한 심장 조직은 환자의 면역학적, 세포학적, 생화학적, 해부학적 특성과 완전히 일치했다. 텔아비브대학 연구원들은 앞으로 실험실에서 프린팅한 심장을 배양하고 자연 심장처럼 기능하도록 학습시킨 후, 이를 동물 모델에 이식하는 실험을 할 계획이다.

우리는 이러한 추세를 감안하여 다음과 같은 예측을 내려 본다.

　첫째, 2030년까지 선진국의 주요 병원들에 3D 바이오 프린터가 설치되거나 병원의 의뢰를 받아 장기를 제작하는 3D 바이오 프린팅 기업이 등장할 것이다. 물론 기술적으로 해결해야 할 과제가 많지만 좋은 솔루션들이 계속 개발되고 있으므로, 2030년이 되기 전에 3D 바이오 프린팅이 상용화될 것이다.

　둘째, 3D 바이오 프린팅으로 제작된 장기들이 환자에게 이식되면, 매년 수백만 명이 새로운 생명을 얻을 것이다. 이 기술은 환자의 삶의 질을 향상시키고, 생산가능인구도 늘려주므로 사회적으로도 큰 혜택을 줄 것이다. 또 현재 장기 이식을 받기 위해 대기 중인 환자들이 많다는 점을 고려하면, 3D 바이오 프린팅 산업의 전망은 밝다.

슈퍼 항생제,
곤충에서 답을 찾다

현대 의학은 계속해서 큰 발전을 이루고 있다. 하지만 여전히 큰 문제가 남아 있다. 항생제에 저항하는 슈퍼 박테리아가 인류를 위협하고 있다. 메티실린 내성 포도상구균methicillin-resistant Staphylococcus aureus, MRSA 등 항생제에도 죽지 않는 항생제 내성균과 슈퍼 박테리아가 증가해 우리에게 고통을 안기고 있다. 이러한 병원균을 죽이지 못한다면 어떤 일이 벌어질까?

"돈을 잃으면 조금 잃지만 건강을 잃으면 모든 것을 잃는다"는 말이 있다. 그만큼 건강이 중요한데, 지난 수십 년 동안 그 어떤 산업도 제약 산업보다 큰돈을 벌지 못했다. 코로나19 상황에서도 제약 회사들은 연평균 15%의 수익률을 기록했다.

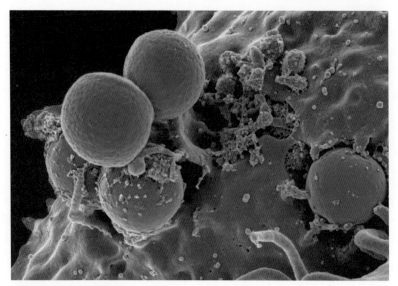
메티실린 내성 포도상구균

오늘날 생명공학, 빅데이터, 인공지능 등이 발전하자 신약 개발이 더 용이해졌다. 그런데 문제는 항생제에도 끄떡없는 항생제 내성균과 슈퍼 박테리아다. 이것들을 없애는 새로운 물질을 발견하는 것이 그리 만만치 않다. 우리가 사용하는 항생제는 미생물이 만들어내는 항생 물질로 만들고 있는데, 기존 항생제로는 우리의 건강을 지키는 데 한계가 있다.

그렇다면 보다 강력한 항생제를 만들기 위해 새로운 항생 물질을 발견해야 하는데, 그 물실은 어디에서 찾아야 할까? 영국 리즈대학교Leeds University의 곤충학자 로스 파이퍼Loss Piper에 따르면, "우리는 곤충에서 답을 찾아야 한다! 곤충은 유용한 화학적 보물일 수 있다."

로스 파이퍼 박사는 〈디스커버 매거진Discover Magazine〉을 통해 다음과 같은 연구결과를 발표했다.

"독 도마뱀의 타액에서 제2형 당뇨병을 치료하는 합성 호르몬 엑세나타이드exenatide를 추출했는데, 2014년부터 2016년까지 이 약은 약 25억 달러의 판매고를 올렸다. 그런데 이제 우리는 곤충에서 기적의 항생제를 추출할 수 있다!"

지구에는 약 550만 종의 곤충이 있다. 그러나 이제까지 발견되고 기록된 곤충은 20%에 불과하다. 그럼에도 불구하고 곤충을 연구하는 곤충학자들이 점점 줄어들고 있어서 우리는 곤충에 대해 잘 모른다. 곤충은 매우 지저분한 환경에서 살기 때문에 질병으로부터 자신을 보호해야 하므로 바이러스에 강하다. 우리 조상들은 수백 년 전부터 곤충으로부터 나온 화합물의 의약적 효과에 대해 알고 있었다. 이 화합물에는 항박테리아, 진통제, 항응고제, 이뇨제 및 항류마티스가 포함된다. 한 저널에서 이를 밝힌 바 있는 데, 64종의 곤충들이 전 세계에서 치료에 활용되었다. 지네, 매미와 애벌레의 껍질, 마비 균류에 감염된 유령나방 유충 등이 그것이다.

최근에는 말벌의 독이 암세포를 파괴할 수 있다는 사실이 밝혀졌다. 또 쉬파리의 혈액에서 추출한 펩타이드peptide(두 개 이상의 아미노산 분자로 이뤄진 화학 물질)인 알로페론alloferon이 항바이러스성 및 항종양성을 가지고 있음을 밝혀냈다.

현재 의약품에 곤충 기반 화합물을 사용하는 데 있어 가장 큰 문제는 화합물의 양이다. 우리가 파리와 같이 작은 무언가에서 화학 물질을 발견하면, 그 양이 얼마나 적겠는가. 다행히 파이퍼 박사는 이에 대한 해결책을 제시했다.

"이전에는 특정 종으로부터 충분한 양을 추출하지 못한 것이 문제였다. 충분한 양을 추출하려면 수천 마리 이상 필요했다. 그러나 크리스퍼CRISPR-Cas9 유전자가위 기술 덕분에 특정 유전자를 분리해 대량 생산할 미생물의 세포주(세포 배양을 통해 계속 분열 및 증식하여 대를 이을 수 있는 배양 세포의 클론)에 삽입할 수 있다. 또한 귀뚜라미나 딱정벌레와 같이 큰 곤충에 희귀한 유전 물질을 삽입하여 추출하는 방식으로도 대량 생산이 가능하다."

곤충학자이자 올씽스 벅스All Things Bugs의 설립자 아론 도시Aaron Dossey는 "우리는 곤충에 백신 유전자를 넣을 수 있다. 그런 다음 선택 가능한 약물 또는 생체 활성 펩타이드, 일부 비타민을 대량 생산하는 수단으로 사용할 수 있다"고 말했다.

아론 도시는 특히 크기가 크고, 화학적 방어력이 강한 대벌레stick insect가 생합성 연구를 위한 매력적인 모델이 될 것이라고 주장했다. 이제까지 발견된 대벌레 종의 수, 지금까지 발견된 새로운 화합물의 수 그리고 이러한 목에 속하는 종의 전체 수를 고려하면, 대벌레는 새로운 항생제의 원천이 될 수 있다.

아론 도시 Aaron Dossey

　우리가 주목해야 할 또 다른 곤충은 벌, 개미와 같은 사회적 곤충이다. 작고 밀집된 거주 구역에서 높은 유전적 관련성을 가진 수억 마리의 일개미를 품고 있는 개미탑은 가장 질병이 발생하기 쉬운 장소다. 한 개체가 감염되면 불과 수 시간 만에 수천 마리를 감염시킬 수 있다. 토양은 지구상에서 가장 미생물 밀도가 높고 다양한 미생물들이 사는 곳이다. 따라서 개미에게는 강력한 항생제가 필요하다. 개미는 등에 있는 후늑막 분비선metapleural gland에서 강력한 항생제를 분비한다.

　2018년 2월, 〈로열 소사이어티 오픈 사이언스Royal Society Open

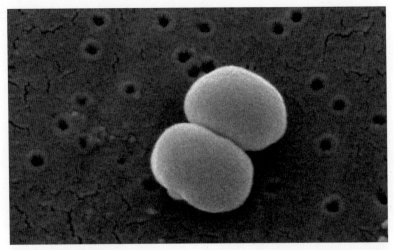

박테리아 표피포도상 구균

Science〉에는 애리조나주립대학교 클라크 피니크Clark Pinick 교수의
연구결과가 실렸다. 피니크 교수는 일반적으로 양성이며 피부에 서
식하는 박테리아 표피포도상 구균staphylococcus epidermidis에 저항하
는 20종 개미들의 항균력을 실험했다. 그 결과 개미들 중 60%는 박
테리아 번식을 억제했고, 가장 크기가 작은 개미 중 한 마리가 가장
강력한 항균성을 보였다.

　　곤충을 통해 항생제를 제조하기 위해 해결해야 할 또 다른 문제
는 연구실이 아닌 자연환경에서 곤충을 화학적으로 연구하는 것이
다. 곤충들이 특정 조건에서 자란 특정 식물을 먹고 특정 화합물을
합성할 수 있도록 해야 하기 때문이다. 그래서 곤충학자 로스 파이퍼

는 곤충을 기반으로 한 화학 물질로부터 최대한의 이익을 얻으려면 곤충 서식지를 보존해야 한다고 주장하고 있다.

이러한 연구결과들을 통해 우리는 다음과 같은 예측을 내려 본다.

첫째, 현재 곤충학자가 부족하므로 우리의 바람보다 슈퍼 항생제가 더디게 개발될 수도 있다. 다행히 빅데이터와 인공지능 등 IT 기술을 활용하면 어느 정도 문제를 해결할 수 있다. 이와 더불어 앞으로 곤충학자가 늘어나면 인류를 구원할 슈퍼 항생제들이 속속 개발될 것이다.

둘째, 550만 종의 곤충 종에서 추출된 수많은 종류의 화합물들이 최첨단 디지털 도구에 의해 처리될 수 있을 것이다. 자동화된 '로봇 실험실'에서 소수의 기술자들이 수만 가지의 실험을 오류 없이 동시에 실행하고 모니터링할 수 있을 것이다. 현대의 게놈 및 프로테오믹스proteomics(유전자 명령으로 만들어진 단백질체를 대상으로 유전자의 기능, 단백질의 기능이상 및 구조변형 유무 등을 규명하고 질병 과정을 추적하는 분석기술)는 게놈과 단백질의 신속하고 저렴한 시퀀싱sequencing을 가능하게 만들고 있다. 또 바디온어칩Body-on-a-chip 기술은 독성 및 기타 부작용에 대한 전임상 검사pre-clinical test를 획기적으로 가속화할 것이다. 또한 인공지능은 곤충학자를 대신해 곤충을 연구하는 데 큰 도움이 될 것이다.

셋째, 2030년까지 새로운 곤충 추출 항생제가 임상시험을 마치고 출시될 것이다. 이들 항생제는 기존 항생제로는 박멸하지 못한 항생제 내성균을 없애줄 것이다.

모흐센 나그하비|Mohsen Naghavi

현재 전 세계에는 코로나19 바이러스보다 무서운 항생제 내성균이 퍼져 있다. 항생제가 통하지 않는 항생제 내성균이 전 세계에서 연간 500만 명의 목숨을 빼앗고 있다. 지난 2년 동안 코로나로 인한 사망자와 비슷한 수치이며, 에이즈나 말라리아 사망자보다도 많다.

워싱턴대학의 모흐센 나그하비Mohsen Naghavi 교수는 〈랜싯Lancet〉을 통해 "2019년 전 세계에서 127만 명이 항생제 내성균에 감염되어 목숨을 잃었을 것으로 추산된다. 부분적으로 사망에 일조한 것까지 합하면 항생제 내성균 희생자는 495만 명에 이른다"고 발표했다.

항생제 내성균을 없앨 수 있다면 우리는 질병으로부터 좀 더 자유로워질 것이다.

알츠하이머,
2030년까지 완전 극복된다

개인적으로나 사회적으로나 알츠하이머는 무서운 병이다. 개인에게는 돌이킬 수 없는 고통을 안겨주고, 사회에는 그 어느 사회적 비용보다 더 많은 비용을 부담시킨다. 현재 미국에서만 수백만 명이 이 병으로 고통받고 있다. 그런데 세계 곳곳의 연구진들이 이 병을 극복하는 방법을 찾아내고 있다. 앞으로 이 병은 극복될 수 있을까?

오늘날 알츠하이머로 고통받는 사람들이 전 세계적으로 5천만 명 이상이다. 알츠하이머의 증상에는 진행성 기억 상실뿐만 아니라 운동, 추론, 판단력 장애가 포함된다. 사실 알츠하이머는 증상이 발현되기 20년 전부터 뇌에 영향을 미친다. 하지만 환자는 일반적으로 기억력에 문제가 발생한 다음에야 진단과 치료를 받는데, 이것이 현재 큰 문제를 일으킨다. 알츠하이머에 대한 치료법이나 예방법을 찾지 못하면 문제는 훨씬 더 악화될 것이다. 미국에서 현재 600만 명 이상이 알츠하이머로 고통받는데, 알츠하이머협회the Alzheimer's Association는 현재 이들의 치료 비용이 연간 3,550억 달러에 달하는 것으로 추산하고 있다. 1999년부터 2019년까지 미국 전체 인구에서 알츠하이머로 사망한 사람이 10만 명당 16명에서 30명으로 크게 증가했다. 이는 88% 증가한 수치다!

2021년 알츠하이머협회 국제컨퍼런스Alzheimer's Association International Conference: AAIC 2021에서 워싱턴대학 의과대 연구팀은 전 세계적으로 치매 환자 수가 2050년까지 거의 3배 증가하여 1억 5,200만 명 이상에 이를 것으로 전망했다. 문제는 현재 선진국에 사는 수많은 사람들에게 영향을 미치는 대부분의 치명적 질병과 달리 의사들이 알츠하이머를 제대로 치료하지 못하고 있는 것이다. 심지어 그 원인을 설명하지도 못하고 있다. 그럼에도 불구하고 전 세계에서 수천 명의 연구원들이 이 문제에 대해 심도 깊게 연구를 진행해 왔고, 다행히 몇몇 연구들이 결실을 맺고 있다.

최근 보스턴 의과대학Boston University School of Medicine 연구팀은 심각한 치매 사례 비율과 중증, 경증 치매 사례 비율에 대해 연구했고, 50.4%가 경증, 30.3%가 중증, 19.3%가 심각하다는 것을 발견했다.

워싱턴대학 의과대 연구팀은 전 세계적으로 치매 환자 수가 2050년까지 거의 3배 증가하여 1억 5,200만 명 이상에 이를 것으로 전망했다.

또 다른 연구에 따르면, 성격적 특성이 치매에 영향을 미친다는 것으로 나타났다. 샌프란시스코 캘리포니아대학University of California San Francisco 연구팀은 혁신적인 통계 방식을 활용해 20세에서 89세까지 약 15,000명의 참가자를 대상으로 우울증의 평균 궤적을 예측했는데, 이를 노년기, 중년기, 청년기로 분류한 3단계로 구분했다. 이후 연구팀은 이렇게 예측된 궤적을 적용해 약 6,000명의 고령 참가자 그룹에서 이들이 성인 초기에 우울증이 나타나는 경우 73% 더 높게, 성인 초기 이후에 우울증이 나타나는 경우 43% 더 높게 인지 장애가 나타난다는 것을 발견했다.

몇 가지의 메커니즘은 우울증이 치매 위험을 어떻게 높이는지를 설명한다. 그중 한 가지는 중추 스트레스 반응 시스템의 과잉 활동이 글루코코르티코이드glucocorticoid라는 스트레스 호르몬의 생산을 증가시킨다는 것이다. 이 호르몬이 증가하면 새로운 기억을 형성하고 강화하는 데 필수적인 뇌의 일부인 해마를 손상시킨다. 전 세계 인구의 최대 20%가 평생 동안 우울증을 한 번이라도 앓고 있는데, 우울증이 치매에 영향을 미친다는 점을 유념해야 할 것이다.

또 다른 연구 성과는 네바다대학 라스베이거스University of Nevada, Las Vegas 연구팀이 발표했다. 이 연구팀은 당뇨병 치료가 제대로 이루어지지 않은 사람들에게 발견되는 만성 고혈당이 '정보를 단기적으로 기억하며 능동적으로 이해하고 조작하는 과정'인 작업기억作業記憶, working memory 수행을 손상시키고, 알츠하이머를 일으킨다는 사실을 발견했다. 왜 그럴까? 연구팀은 기억을 형성하고 끄집어내는 데 중심이 되는 뇌의 '해마'와 '전대상피질anterior cingulate cortex'이 고혈당으로 인해 과도하게 연결되거나over-connected 과동기화됨hyper-synchronized을 발견했다. 연구가 계속 진행 중이지만 당뇨병 환자와 당뇨병 이전 단계에 있는 사람들의 혈당을 주의 깊게 조절해야 한다는 사실을 이 연구는 발견했다.

한편 호주 벤틀리대학Bentley University 연구팀은 알츠하이머와 관련된 잠재적으로 더 중요한 요인을 발견했다. 간에서 만들어지는 아밀로이드 단백질은 뇌의 신경 퇴행을 유발할 수 있다. 이 연구팀은 아밀로이드 단백질은 알츠하이머를 일으키므로 간이 알츠하이머의 발병에 영향을 미친다는 것을 발견했다. 혈액 내에 독성 단백질 침착물이 과다하게 나타나면 간에 문제가 생기는데, 이 경우 개인의 식단을 조절하거나 지방 단백 아밀로이드를 표적으로 하는 약물 치료를 통해 해결할 수 있다. 이러한 간 중심 요법은 잠재적으로 알츠하이머의 진행을 늦출 수 있다.

수면은 알츠하이머를 예방하는 데 중요한 생활습관이다. 인간과 실험용 쥐를 대상으로 실시한 여러 연구에 따르면 수면장애는 뇌에서 아밀로이드 베타와 같은 질병 관련 단백질의 축적을 증가시켜 알츠하이머의 위험도를 높인다. 최근 베일러 의과대학Baylor College of Medicine의 연구팀은 새로운 연구를 통해 정상적인 수면을 회복하면 시상 망상 핵이라는 뇌 중추가 정상 작동되어, 뇌의 아밀로이드 베타 플라크 축적을 감소시킨다는 사실을 발견했다.

2021년은 알츠하이머의 조기 진단을 위한 기술이 개발된 중요한 해였다. 이제까지 알츠하이머는 인지 검사나 뇌 스캔을 통해 발견되었다. 그런데 이러한 검사나 스캔으로는 장애가 이미 시작된 이후에야 알츠하이머를 발견할 수 있으므로, 예방에는 아무런 도움이 되지 못했다. 다행히 홍콩의 한 연구팀은 최근 '알츠하이머협회 저널 Journal of the Alzheimer's Association'을 통해 알츠하이머의 조기 발견을 위한 간단하지만 효과적인 혈액 검사법을 발표했다. 이 혈액 검사법의 정확도는 무려 96% 이상이다! 이 새로운 검사법은 19개의 바이오마커 단백질 패널을 사용해 앞으로 알츠하이머에 걸릴 사람들을 식별해낸다.

2021년에는 예방과 치료 측면에서 매우 중요한 세 가지 발견이 있었다. 그중 하나는 식이요법과 관련된 것이고, 또 다른 하나는 다른 질병의 치료용으로 이미 승인된 약물을 이용한 것이고, 나머지 하나는 완전히 새로운 치료법이다.

우선 몇 가지 중요한 식이요법에 대해 살펴보자. 바르셀로나대학University of Barcelona의 연구에 따르면, 알츠하이머의 인지 저하 및 진행을 예방하는 데 생활방식과 식단이 결정적 역할을 한다. '분자영양 & 식품연구Molecular Nutrition and Food Research' 저널에 발표된 12년간의 연구에 따르면, 과일과 채소 등 식물성 식품의 섭취가 높을수록 노화로 인한 인지 기능 저하의 위험을 줄이는 데 도움이 되는 폴리페놀 및 기타 생리 활성 화합물이 활성화된다. 알츠하이머의 인지 장애를 예방하는 데 코코아, 커피, 버섯, 적포도주, 사과, 코코아, 녹차, 블루베리, 오렌지, 석류와 같은 폴리페놀이 풍부한 식품이 영향을 미친다. 마찬가지로 필수 아미노산이 풍부한 식단은 알츠하이머를 예방하는 데 도움이 될 수 있다.

일본의 한 연구팀은 실험용 쥐를 대상으로 연구했는데, 특정 아미노산 세트를 섭취하면 뇌 세포의 사멸을 억제하고 이들 사이의 연결을 보호하며 염증을 감소시켜 뇌 기능을 보존할 수 있다는 것을 발견했다. 이 연구는 아미노Amino LP7로 불리는 아미노산 조합이 알

호주 연구팀은 커피를 많이 마시는 사람들이 나중에 알츠하이머에 걸릴 가능성이 낮다는 것을 발견했다.

츠하이머의 발병을 차단할 수 있음을 시사한다.

또한 호주 연구팀은 커피를 많이 마시는 사람들이 나중에 알츠하이머에 걸릴 가능성이 낮다는 것을 발견했다. 이에 대한 자세한 내용은 '프론티어 인 에이징 뉴로사이언스Frontiers in Aging Neuroscience' 저널을 참조하면 된다. 저명한 국제 학술지 'PLOS 메디슨PLOS Medicine'에 발표된 또 다른 연구 역시 매일 4~6잔의 커피나 차를 마시면 뇌졸중과 인지 장애를 감소시키는 것을 발견했다.

'프론티어 인 에이징 뉴로사이언스' 저널에 발표된 임상 진 시험preclinical study에 따르면, 바질 등의 식물에 존재하는 풍부한 천연 화

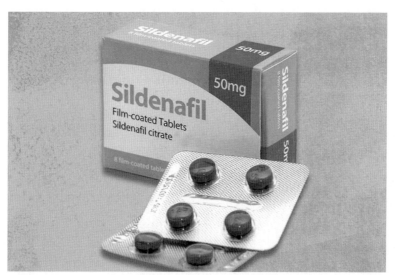

클리블랜드 클리닉Cleveland Clinic 연구팀은 실데나필이 알츠하이머 발병률을 69% 감소시킨다고
발표했다.

합물 펜콜fenchol은 알츠하이머로부터 뇌를 보호하는 데 유용하다.
사우스 플로리다대학 연구팀은 펜콜이 뇌의 신경 독성을 감소시키
는 방법을 설명하는 장내 미생물군유전체와 관련된 감지 메커니즘
을 발견했다. 이 발견이 알츠하이머 치료법을 개발하는 데까지 이어
지기 위해서는 추가 연구가 필요하다.

　이러한 식이요법 외에도 다른 질병을 치료하기 위해 승인된 약
물이 알츠하이머를 예방하고 지연시키는 데 유용하다는 사실도 발
견되었다. 이와 관련된 연구에서는 3가지 혁신이 주목받고 있다.

　첫째, '네이처 에이징Nature Aging' 저널에 발표된 새로운 연구에

따르면, 실데나필Sildenafil이 알츠하이머 예방 및 치료에 유용하다는 것이 확인되었다. 클리블랜드 클리닉Cleveland Clinic 연구팀은 실데나필이 알츠하이머 발병률을 69% 감소시킨다고 발표했다. 또한 실데나필을 사용해 보니 관상 동맥 질환, 고혈압 및 제2형 당뇨병이 있는 사람의 알츠하이머 발병 가능성을 감소시켰다.

둘째, 일본의 한 과학자는 실험용 쥐를 대상으로 한 실험을 통해 소마토스타틴Somatostatin이라는 비교적 저렴한 약물이 알츠하이머를 예방하는 데 효과적임을 발견했다. 연구에 따르면 소마토스타틴을 사용해 ENSA라는 단백질의 기능을 차단하면 알츠하이머와 관련된 뇌의 물리적 변화가 감소하고 기억력이 향상되는 것으로 나타났다. 연구자들은 이 치료법이 현재 이용 가능한 어떤 치료법보다 저렴하고 효과적일 수 있다고 믿는다. 물론 인간을 대상으로 하는 더 많은 연구가 필요하지만 알츠하이머 환자들에게는 희소식이 될 것이다.

셋째, 최근 '네이처 에이징' 저널은 일반적으로 사용 가능한 경구 이뇨제인 부메타니드Bumetanide가 유전적으로 알츠하이머 발병 위험이 있는 사람들을 치료할 수 있다고 발표했다. 이 연구는 부메타니드를 복용한 사람들이 약물을 복용하지 않은 사람들에 비해 알츠하이머 발병률이 현저히 낮다는 결과를 확인했다. 이 연구에 따르면 부메타니드를 복용한 사람들은 복용하지 않은 사람들에 비해 알츠하이머병 발병률이 35~75% 낮았다.

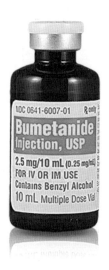

부메타니드를 복용한 사람들은 복용하지 않은 사람들에
비해 알츠하이머병 발병률이 35~75% 낮았다.

이 세 가지 솔루션은 이미 임상 1상 시험을 완료했다. 임상 3상
까지 마치면 알츠하이머 치료제가 시판될 것이다.

알프하이머를 치료하는 또 다른 혁신적인 약물들은 2021년에
발견되었다. 이와 관련된 두 가지 발견을 소개하겠다.

첫째, 앨버트 아인슈타인 의과대학Albert Einstein College of Medicine
연구팀은 증상이 발현된 후에도 알츠하이머를 치료할 수 있는 새로
운 약물을 개발했다. 이들은 그와 관련된 내용을 '셀Cell' 저널에 발
표했다. CA라고 하는 약물은 CMA라고 하는 세포 세척 과정을 지원
하는 작용을 한다. CMA는 결함이 있는 타우 및 기타 단백질을 소

화할 수 있다. 그러나 알츠하이머에 있는 결함 있는 단백질의 양은 CMA를 압도하고 근본적으로 이를 손상시킨다. CA는 주요 CMA 구성 요소의 수준을 높여 CMA 효율성을 활성화한다. 특히 CA는 결함이 있는 단백질을 재활용하는 리소좀이라는 세포 소기관에서 소위 LAMP2A 수용체의 수를 증가시키며 작동한다.

4~6개월에 걸쳐 알츠하이머에 걸린 실험용 쥐를 대상으로 CA를 경구 투여한 결과 기억력, 우울증, 불안이 개선되어 건강한 쥐와 유사한 수준으로 회귀했다. 그리고 이 약물은 건강한 쥐의 수준으로 실험용 쥐의 타우 단백질과 단백질 덩어리의 수준을 유의미하게 감소시켰다. 게다가 CA를 장기간 매일 투여하더라도 다른 기관에 해를 끼치지 않는 것으로 나타났다. 연구원들은 현재 알츠하이머 및 기타 신경퇴행성 질환을 치료하기 위한 CA 및 관련 화합물을 개발하는 '셀파지 테라퓨틱스Selphagy Therapeutics'라는 회사를 설립했다.

둘째, 최근 일본의 연구자들은 '국제분자과학저널International Journal of Molecular Sciences'에 알츠하이머의 신경퇴행성 증상을 멈출 뿐만 아니라 장애의 영향을 역전시키는 SAK3이라는 새로운 치료제를 발견했다고 발표했다. 실험용 쥐를 대상으로 한 시험에서 SAK3를 투여했는데, 인지 손상이 시작된 후에도 운동 기능 장애와 인지 장애 모두에서 신경 퇴행성 행동의 진행을 멈출 수 있다는 것으로 나타났다. 연구원들은 내년에 인간을 대상으로 한 임상 시험을 시작할 계획이다.

이러한 발견과 연구로 어떤 일이 벌어질까? 알츠하이머는 21세기에 인류가 직면한 질병 가운데 가장 비용이 많이 드는 만성 질병이고, 이미 미국에서만 수백만 명의 생명을 앗아가고 있다. 연간 최소 3,550억 달러의 치료 비용을 발생시키고 있다. 만약 알츠하이머를 극복하지 못한다면 갈수록 환자가 증가할 것이고, 앞으로 30년 동안 적어도 알츠하이머 환자가 3배가량 증가할 것이다. 다행히 알츠하이머를 극복할 수 있는 새로운 연구들이 발표되고 있으므로 희소식이 아닐 수 없다. 이러한 추세를 감안해 우리는 다음과 같은 미래를 예측할 수 있다.

첫째, 2020년대에는 알츠하이머와 관련된 진단, 예방, 치료가 급속도로 발전할 것이다. 루이 파스퇴르Louis Pasteur의 초기 연구가 1940년대에 항생제 혁명의 토대를 마련한 것처럼 지난 30년간 연구자들은 알츠하이머 연구에 매진했는데, 2020년대에는 그 성과가 나타날 것이다. 임상 3상 시험을 마치고 시판되는 알츠하이머 치료제를 만나볼 수 있을 것이다.

둘째, 알츠하이머를 진단하는 비침습적 검사가 2030년까지 널리 보급될 것이다. 비침습적 검사는 X-선처럼 인체에 고통을 주지 않고 실시하는 검사다. 오늘날 대부분의 사람들은 측정 가능한 인지 저하를 기반으로 알츠하이머를 진단받고 있다. 그러나 이 증상이 감지될 때쯤이면 증상은 이미 심각해지고 되돌릴 수 없는 지경에 이르게 된다. 다행히 알츠하이머에 대한 생체지표는 측정 가능한 인지 기능 저하가 발생하기 10~20년 전에 나타난다. 비침습적 검사를 통해 알츠하이머가 발병하기 전에 미리 예방 조치를 취한다면, 알츠하이머 발병률은 획기적으로 감소할 것이다.

셋째, 알츠하이머에 대한 사회적 관심이 늘고 있는데. 적절한 예방법이 있다면 사람들은 그것을 적극적으로 활용해 알츠하이머 발병률이 급격히 낮아질 것이다. 최신 연구에서 확인된 바와 같이 알츠하이머 발병 가능성을 줄일 수 있는 식이요법, 생활습관 및 약물 치료가 많이 있다. 사람들이 이것들을 적절히 활용한다면 알츠하이머로 고통받는 사람들이 크게 줄어들 것이다.

넷째, 2030년대 말까지 지구상에서 알츠하이머 환자가 완전히 사라질 수도 있다. 앞에서 소개한 약물들이 임상 시험을 거쳐 치료제로 시판되면 더 이상 알츠하이머로 고통받는 사람은 없을 것이다.

다섯째, 알츠하이머를 극복하면 알츠하이머로 지출되는 비용을 줄이므로, 전 세계 GDP는 연간 수십조 달러 증가할 것이다. 그로 인해 보다 양질의 노동 인력이 더 많은 부가가치를 창출하게 될 것이다. 반면에 보험사들은 치매보험상품으로 더 이상 수익을 올릴 수 없으므로 다른 상품을 개발해야 할 것이다.

스마트 약품,
인간을 더 똑똑하게 만들까?

투약이란 환자를 치료하기 위해 약을 제공하는 것이다. 그런데 투약이 병원을 넘어 직장과 교육 현장에서도 이루어진다면 어떻게 될까? 지금 세계 곳곳에서는 인간의 능력을 강화시키는 스마트 약품 Smart Drug 이 사용되고 있다. 스마트 약품에 대해 살펴보자.

기업가들은 그들의 업무능력과 성과를 향상시킬 수 있다면 새로운 도구를 적용하는 것을 결코 망설이지 않는다. 구글 스프레드시트에서 스마트폰에 이르기까지 혁신적인 기술들은 최근 수십 년간 생산성 향상에 크게 기여해 왔는데, 이제는 스마트 약품이 등장하고 있다.

카페인은 회의, 프레젠테이션, 브레인스토밍 과정 등에서 각성

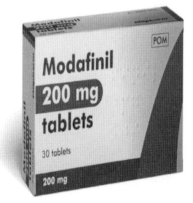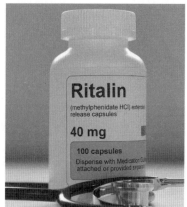

모다피닐과 리탈린

효과를 일으키기 위해 합법적으로 사용하는 약물이다. 스마트 약품을 합법적으로 사용할 수 있다면 어떤 일들이 벌어질까? 칼 세데르스트룀Carl Cederström 교수가 〈하버드 비즈니스 리뷰〉에 기고한 글에 따르면, 현재 합법적으로 사용되고 있는 스마트 약품은 다음과 같다.

■ 모다피닐Modafinil: 세파론Cepharon 사가 프로비질Provigil이라는 제품명으로 미국에서 판매하고 있다. 기면증으로 인한 과도한 수면, 폐쇄수면무호흡증, 교대근무 수면장애에 대한 처치제로 미국 FDA의 승인을 받았다.

■ 애더럴Adderall, 리탈린Ritalin: 주의력결핍 과잉행동장애ADHD에 대한 처치제로 사용되고 있다.

그런데 수면장애나 ADHD와 전혀 상관없는 미국 대학생들이 리포트를 작성하거나 학기말 시험공부를 하면서 집중력을 높이기 위해 이 약품들을 사용하고 있다. 아이비리그에 속한 616명의 대학생들을 대상으로 조사한 결과, 거의 5명 중 1명꼴로 더 높은 학점을 얻기 위해 이러한 약품을 남용하고 있는 것으로 나타났다. 그리고 1/4에 해당하는 학생들이 적어도 8번 이상 투약을 경험했다고 밝혀졌다. 이들은 취업한 후에도, 중요한 보고서를 작성하거나 발표를 앞두고 업무능력을 향상하기 위해 이 약품에 의존할지도 모른다. 이렇게 스마트 약품을 사용한 사람들이 동료들보다 더 높은 수준의 업무성과를 내게 되면, 직장 내의 다른 모든 사람들도 남보다 뒤처지지 않기 위해 이 약물을 사용하고 싶어 할 것이다.

사실 이미 이런 일들이 벌어지고 있다. 각종 매체에 보도된 다음의 내용들을 살펴보자.

■ 〈파이낸셜타임즈〉는 스마트 약품이 이미 변호사, 금융인 등 전문직 세계에 만연해 있다고 보도했다.

- 미국 최대의 IT 온라인 매체인 테크크런치TechCrunch는 모다피닐을 '기업가들의 기호 약품'이라고 지칭했다. 또 매일 20시간 동안 일하기 위해 이 약품에 의존하고 있는 기업가들이 많다고 밝혔다.

- 〈뉴욕〉지는 모다피닐 덕에 다음 날 저녁까지 일하는 한 스타트업의 경영자에 대한 이야기를 다뤘다. 작은 흰색 알약 하나를 섭취한 뒤 그는 놀라운 수준의 집중력을 발휘할 수 있었다. 이 경영자는 "시각적 기능이 탁월해진 반면 청각적인 감각은 무뎌져서 어떤 소음도 들리지 않을 정도였다. 한 가지 일에 시각적으로 집중하여 업무를 수행하기가 너무나 수월했다"라고 말했다.

- 과학 저널 〈네이처〉지는 1,400명의 구독자를 대상으로 조사한 결과, "응답자 중 1/5이 집중력과 기억력을 향상하기 위해, 치료 외의 이유로 약품을 활용한 경험이 있다고 답했다"고 발표했다. 약품 사용자 중 62%는 리탈린을, 44%는 모다피닐을 복용했다고 응답했으며, 15%는 프로프라놀롤Propranolol과 같은 '베타 차단제Beta-blocker'를 복용했다고 답했다. 이외에도 센트로페녹신Centrophenoxine, 피라세탐Piracetam, 덱세드린Dexedrine 등을 복용한다고 답했다. 이 약물들은 대개 집중력을 향상하기 위해 복용했다.

이런 스마트 약물을 많이 사용하는 이유는 무엇일까? 당연한 말 같지만, 일을 잘하기 위해서다. 하버드 의과대학과 옥스퍼드대학

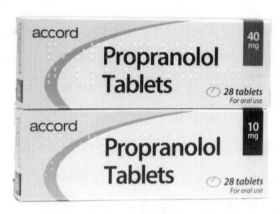

프로프라놀롤

교의 연구자들은 1990년 1월부터 2014년 12월 사이에 발표된 모다
피닐에 대한 24종의 연구자료들을 전부 검토했다. 이들은 연구결과
를 〈유럽 신경약리학 저널〉에 발표했는데, 모다피닐은 학습 능력, 계
획 수립, 의사결정 능력을 향상시키는 것으로 드러났다. 또한 극히
일부는 불면증, 두통, 메스꺼움을 호소했지만 특별한 부작용이 없음
을 밝혔다. 연구자들은 이렇게 결론지었다.

"모다피닐은 인지기능을 향상시키는 약품이라고 할 수 있다."

런던 임페리얼 칼리지의 연구결과도 이러한 결론을 뒷받침한다.
연구팀은 평소에 수면이 부족한 외과 의사들이 모다피닐을 복용하
고 집중력, 계획 수립 및 의사결정 능력이 향상됐다고 밝혔다. 실제
로 의학잡지 〈BMC 의학BMC Medicine〉은 1,145명의 외과 의사들을
대상으로 설문조사를 한 결과, 인지기능 향상을 위해 한 번 이상 약

물을 복용했다고 답한 외과 의사가 무려 20%에 달했다.

미군은 스마트 약품에 대한 연구를 진행 중이다. 슬레이트닷컴 Slate.com에 따르면, 미국 공군연구소, 미국 육군항공의학연구소, 미국 육군의료연구물자사령부, 월터리드 육군 연구소, 미군 특수운영 사령부 생체의학 운영위원회에서 스마트 약품을 연구하고 있다.

일례로, 미군은 88시간 동안 잠을 자지 않고 깬 상태로 비행이 가능한지를 실험하기 위해 블랙호크 헬리콥터와 F117 전투기 조종사들에게 모다피닐을 제공하고 있다. 또 캐나다, 중국, 프랑스, 인도, 네덜란드, 싱가포르, 대만, 한국 등의 국가들도 군인, 조종사, 항해사, 공수부대원 등을 대상으로 이런 실험을 해오고 있다. 슬레이트닷컴에 따르면, "거의 모든 실험에서 모다피닐이 잠을 자지 않고 임무를 수행할 수 있는 시간을 늘려준다"고 한다.

이런 능력은 전쟁터나 회사에서 이점으로 작용할 것이다. 그러나 한 가지는 분명히 기억해 둬야 한다. 이 스마트 약품은 당신의 지능을 높여주지는 않는다. 다만 잠을 자지 않고도 더 오랫동안 일하게 해줄 뿐이다. 또 날카로운 집중력을 발휘해 프로젝트를 마칠 수 있게 하고, 미뤄왔던 의사결정을 내리는 데도 도움이 된다. 그러나 두뇌 크기를 늘려주거나 뇌의 신경세포 수를 증가시켜 주지는 않는다.

그리고 창의성을 향상시켜 주지도 않는다. 관련 연구결과들을 종합해 보면, 스마트 약품은 창의적 아이디어를 도출하는 데는 오히려 독약이 된다. 하버드대학과 옥스퍼드대학 연구자들은 "창의적인 사람들이 모다피닐을 복용할 경우 창의력이 감소한다는 연구결과"를 발표했다.

또 다른 연구자들은 모다피닐을 복용한 어느 뇌과학자가 오히려 사고의 폭이 줄어들었다고 발표했다. 다시 말하자면 스마트 약품은 한곳에 집중하게 해주지만, 사고의 폭을 넓히지는 않는다. 집중력이 필요한 업무를 해야 하는 경우에는 생산성을 높일 수 있겠지만 창의성과 혁신이 필요한 업무의 경우에는 스마트 약품이 오히려 당신을 바보로 만들지도 모른다.

이러한 스마트 약물의 특성을 고려해 다음과 같이 전망해 본다.

첫째, 학교와 기업 등에서 스마트 약품을 허용하면 윤리적인 문제들이 제기될 것이다. 칼 세데르스트룀 교수는 〈하버드 비즈니스 리뷰〉를 통해 이 점을 지적한 바 있다. 경기력을 향상시키는 약물을 사용하는 운동선수가 부정행위자로 간주되는 것처럼, 스마트 약품을 사용하는 것도 부정행위로 간주될 수 있다. 듀크대학은 "학문적 성취를 높이기 위해 허가받지 않은 약품을 사용하는 것은 각종 과제와 시험에 허가받지 않은 도구나 장비를 사용하는 것과 마찬가지로 부정행위를 하는 것"이라고 공표했다. 반면 듀크대학의 어떤 교수는 "스마트 약품이 커피와 별다를 것 없다"는 반대의견을 표출했다.

스마트 약품에 대한 또 다른 우려는, 약을 쉽게 구할 수 있는 사람들과 그렇지 못한 사람들 사이에 계층 격차가 심화될 수 있다는 것이다. 반대로 저소득층과 소외계층의 학생들에게 이 약품을 공급하면, 더 좋은 학교에 진학하는 등 더 나은 기회를 제공할 수도 있을 것이다.

마지막으로 경영자들이 직원들의 생산성을 향상시키기 위해 스마트 약품 복용을 요구하는 경우도 생길 수 있다. 이를 놓고 옳고 그르다는 의견이 팽팽히 맞설 것이다.

둘째, 이러한 문제에도 불구하고 경쟁자들에게 뒤처지지 않으려는 인간의 욕구 때문에 학교나 직장에서 스마트 약물을 복용하는 경우가 늘어날 것

미군은 F117 전투기 조종사들에게 모다피닐을 제공하고 있다.

이다. 〈네이처〉 지에 따르면, 응답자의 86%가 "16세 이하의 건강한 어린이·청소년들에게는 스마트 약품을 제공해서는 안 된다"고 답했다. 하지만 자녀를 둔 부모의 경우 응답자의 1/3이 "다른 아이들이 이 약물을 복용한다면 자신의 자녀들에게도 인지기능 향상 약물을 먹여야 한다는 압박감을 느낄 것"이라고 답했다. 또 아이비리그 대학생들을 대상으로 한 연구결과에 따르면, 학교 대표로 스포츠 경기에 참가하거나 경시대회 등에 나갈 때 30% 이상이 스마드 약물을 복용하고 있다고 답했다. 이처럼 경쟁심이 심한 집단에서는 스마트 약물을 복용하는 경우가 늘 것이다.

셋째, 군대의 경우 모다피닐 같은 스마트 약품을 병사와 조종사들이 훈련·전투 상황에서 집중력을 높이기 위해 제공할 것이다. 슬레이트닷컴은 다음과 같이 밝혔다. "군대는 이미 카페인 껌 같은 각성제를 제공해 오고 있으며, 작전을 수행하는 대부분의 전투기 조종사들은 각성제를 사용하고 있다." 모다피닐을 복용하고 40시간, 60시간, 심지어 90시간까지 잠자지 않고 작전을 수행하는 조종사도 있다. 군사적 목적으로 모다피닐을 사용하는 여러 국가들은 이 약을 먹으면 얼마나 잠을 안 자는지 실험하고 있다. 이러한 실험을 하는 이유에 대해 미국 공군연구소의 한 보고서는 다음과 같이 밝혔다. "하루 24시간 내내 전투를 수행할 수 있다면, 적군에 비해 훨씬 강한 전투력을 가질 수 있기 때문이다."

제3부

일과 생활

디지털 솔루션,
위기에 빠진 기업을 구한다

지금 우리는 디지털 시대에 살고 있는데, 실제로 우리는 디지털 기술을 비즈니스에 어떻게 적용하고 있을까? 디지털 기술을 활용해 더 큰 가치를 창출하고 있는 사례들을 통해 위기에서 벗어나는 법을 모색해 보자.

세상이 디지털화되면서 디지털 기술을 활용해 업무 성과를 높이는 디지털 솔루션을 채택하는 기업이 많다. 맥킨지 앤 컴퍼니는 1,733명의 경영자를 대상으로 설문조사를 했는데, "약 80%가 디지털 솔루션을 추구하고 있다"고 답했다. 그러나 이들 중 단 14%만 "이러한 노력으로 상당한 성과를 거두었다"고 답했다.

　맥킨지의 경영 컨설턴트들은 이러한 결과가 발생하는 이유를, "일반적으로 기업이 디지털 혁신을 달성하려 할 때의 비즈니스 펀더

멘털business fundamental을 놓치기 때문"이라고 밝히고 있다. 비즈니스 펀더멘털은 기업이 발생시킬 것으로 예상되는 현금 흐름을 기반으로 하는 디지털 프로젝트와 전략을 평가하고, 이를 현실적으로 '아무 것도 하지 않을' 때의 기본 시나리오와 비교하는 것이다. 모바일 뱅킹 앱에 투자할지 여부에 대해 많은 은행들이 직면했던 결정을 예를 들어 살펴보자.

여러 은행이 모바일 앱을 보유하고 있는 상황에서, A은행은 모바일 앱에 투자하지 않으면 시간이 지남에 따라 고객을 잃거나 신규 고객 유치에 실패하면서 시장 점유율이 떨어질 확률이 높다. 안정적 이익과 현금 흐름을 강점으로 지니고 있다 해서 세상의 변화를 무시해서는 안 된다. 디지털화가 진행되면서 스마트폰으로 금융을 이용하는 고객이 늘고, 소비자에게 쉽고 편하게 이용할 수 있는 모바일 앱을 제공하는 은행의 브랜드 만족도는 높을 수밖에 없다. 브랜드 만족도가 높을수록 이익과 현금 흐름도 강점을 보일 수밖에 없다.

디지털 시대에 기업은 디지털 솔루션을 활용해 비용 절감, 고객 만족, 새로운 수익원 등을 창출할 수 있다. 디지털 도구와 기술을 사용하면 기존의 비즈니스를 완전히 새로운 비즈니스로 만든다. 인터넷은 소비자가 항공권과 호텔 객실을 검색하고 구매하는 방식을 변화시켜 고객과 직접 대면하며 서비스 상품을 판매하는 여행사의 업무 방식을 사라지게 했다. 대신에 여행 앱을 통해 서비스 상품을 판매하는 산업을 창조했다. 또한 넷플릭스는 기존의 TV 프로그램 위

넷플릭스는 기존의 TV 프로그램 위주의 방송 시장을 변화시켰다.

주의 방송 시장을 변화시켰다. 그리고 클라우드 컴퓨팅은 메인 프레임 및 서버 컴퓨터 제조업체와 기업의 데이터 센터를 운영하는 비즈니스를 완전히 파괴했다. 그 결과 클라우드 컴퓨팅은 2019년 상반기에만 1,500억 달러의 규모로 성장한 거대 비즈니스가 되었다.

이처럼 변화된 세상에서 기업은 표준 현금흐름할인discounted cash flow, DCF 접근 방식을 사용해야 한다. 비즈니스 환경을 새로 바꾸면 초기에는 수익을 얻지 못하는데, 기업은 이 점을 염두에 두고 멀리 내다보고 비즈니스를 해야 한다. 아마존닷컴이 처음 소매 사업에 진출할 때 투자비용 대비 수익이 많지는 않았다. 그럼에도 불구하고 인터넷 쇼핑 시장에 지속적으로 투자한 결과 오늘날 아마존이 탄생할 수 있었다. 아마존은 인터넷 쇼핑으로 창출한 수익과 현금 흐름을 바탕으로, 무엇보다 이제까지 확보한 고객들을 바탕으로 미래 먹거리 사업에도 진출하고 있다.

기업은 지속성장을 위해 현재가 아닌 미래에 대비해야 하며, 그에 따른 비즈니스 시나리오를 계획해야 한다. 눈앞의 수익보다는 다가올 미래를 위해 비즈니스 방식을 변화시켜야 한다. 변화된 환경에 맞게 기업을 성장시키면 고객이 늘고 제품의 가치가 높아지기 때문에 더 높은 수익을 얻을 수 있다. 특히 네트워크 효과가 있는 비즈니스의 경우 더욱 그렇다.

아마존, 애플, 구글 등은 로그인부터 결제에 이르기까지 편의성이 뛰어난 싱글 사인 온Single Sign On(하나의 시스템에서 로그인하면 다른 시스템에 대한 접근 권한도 모두 얻는 것)을 채택했다. 이미 많은 고객을 확보한 서비스 상품을 활용해 다른 사업에도 진출해 기업 가치를 높이고 있다.

마이크로소프트의 오피스 소프트웨어는 네트워크 효과를 이용해 고객 만족을 이루고 있다. 마이크로소프트의 오피스 소프트웨어는 이미 전 세계에서 이용되는데, MS워드에 이어 몇 년 전부터 선보인 스프레드시트 작성 및 그래픽 생성을 위한 프로그램이 전 세계 사무실에서 이용되고 있다. 사용자들은 문서, 계산 및 이미지를 다른 많은 사용자와 공유할 수 있으므로 마이크로소프트의 오피스 소프트웨어를 계속 사용하고 있다.

아마존, 애플, 구글 등은 로그인부터 결제에 이르기까지 편의성이 뛰어난 싱글 사인 온_{Single Sign} On을 채택했다.

한편, 디지털 솔루션은 기업의 운영비용을 줄이는 데도 도움을 준다. 한 광산 회사는 관리자에게 현장에서 발생할 수 있는 여러 상황들에 대비하는 통찰력을 제공하는 프로세스 자동화 소프트웨어를 활용해 연간 3억 6천만 달러 이상을 절감했다. 몇몇 화석연료 발전소는 원격 모니터링 및 자동화 시스템을 구축했다. 누출을 자가 점검하고 스스로 수리하는 스마트 밸브를 사용함으로써 발전소의 연료 사용량을 최대 3%까지 줄이게 되었다.

이러한 이점에도 불구하고 많은 기업들이 디지털 솔루션을 적용하는 데 머뭇거리고 있다. 왜냐하면 신규 설비 투자 등에 드는 비용이 아깝기 때문이다. 물론 지금 당장 투입 비용 대비 이익을 따져보면 손해 보는 장사다.

소매업계를 예로 들어보자. 고객에게 옴니 채널omni-channel을 새로 제공하기 위해서는 많은 비용이 들 수밖에 없다. 옴니 채널은 소비자가 온라인, 오프라인, 모바일 등 다양한 경로를 넘나들며 상품을 검색하고 구매할 수 있도록 하는 서비스로, 각 유통 채널의 특성을 결합해 어떤 채널에서든 같은 매장을 이용하는 것처럼 느낄 수 있도록 하는 쇼핑 환경을 말한다. 백화점 온라인 쇼핑몰에서 구입한 상품을 백화점 오프라인 매장에서 찾는 '스마트픽'이 옴니채널의 대표적인 방식이다.

일반적으로 매장보다는 온라인에서 상품을 더 싸게 구매할 수 있는데, 온라인 무료 배송 비용까지 고려하면 이러한 판매는 수익성을 떨어뜨린다. 한편 옴니 채널 서비스의 영향으로 매장 내 판매가 감소하고 일부 비용이 고정 비용으로 지출되므로 마진이 낮아질 수 있다.

그러나 변화된 세상에서 소매업체는 수익성이 낮음에도 불구하고 옴니 채널을 제공할 수밖에 없다. 그렇게 하지 않으면 살아남기 힘들기 때문이다. 단기적으로는 손해 보겠지만 장기적으로 생산 비용을 절감시키면 가격 인하로 이어져 고객 만족을 이룰 수 있다. 당장은 회사에 손해가 되겠지만 장기적으로는 고객 만족을 이루고 고객을 더 끌어 모아서 더 큰 이익을 창출할 것이다.

그리고 이런 점도 고려해야 할 것이다. 만약 지금 당장 디지털 솔루션을 적용하지 않더라도 경쟁사가 그것을 적용하면 시장에서 제품이나 서비스 가격이 더 낮아질 것이다. 가격 경쟁력 측면에서 비교 열위에 처할 수 있으므로, 디지털 솔루션은 생존을 위해 꼭 필요할 것이다.

디지털 시대에 의류를 구매하는 소비자들은 자신의 집이나 가까운 매장에서 제품을 받아볼 수 있다. 상품을 반품하기로 결정한 고객은 매장 방문 또는 우편 및 택배 서비스를 통해 반송할 수 있다. 더불어 배송 진행 상황을 모바일 앱을 통해 실시간으로 추적할 수도 있다. 이러한 시스템은 이미 대세가 되었는데, 이런 시스템을 제공하지 않은 의류 쇼핑몰들이 사라진 점을 고려하면 디지털 솔루션은 디지털 시대에 살아남기 위해 꼭 필요하다.

디지털 솔루션은 비용 절감을 일으킬 수도 있다. 한 전력 공급 회사는 고객과 온라인으로 소통하는 '디지털 소통' 방식으로 고객 인터페이스를 구축했다. 그 결과 고객 만족도는 25%, 직원 만족도는 10% 오르고, 고객 서비스 비용은 40% 감소했다.

디지털 솔루션은 비용 절감뿐만 아니라 고객의 우수한 경험을 얻기 위해서도 필요하다. 오늘날에는 생산자와 소비자의 경계가 무너졌는데, 소비자의 의견을 생산에 받아들이는 기업이 유리해졌다. 온라인 고객 게시판 등을 통해 기존 제품이나 서비스에 대한 고객의 개선 요구사항을 받아들이거나, 고객으로 하여금 새로운 제품과 서비스에 대한 아이디어를 제공하도록 하면 고객 만족도도 높이고 혁신적인 상품을 개발할 수도 있다.

비용 절감과 고객 만족 외에도 몇몇 기업은 디지털 솔루션을 통해 새로운 수익원을 창출하고 있다. 예를 들어, 한 아이스크림 제조업체는 편리한 배송 시스템을 설치했다. 배달 회사가 아이스크림을 픽업하여 짧은 시간 내에 고객에게 배달하도록 했다. 이 서비스는 신규 매출로만 일반 편의점 매출의 10배를 일으켰다. 편리한 배송 시스템이 없었다면 이러한 매출은 발생하지 않았을 것이다.

또 한 산업 장비 제조업체는 토양 샘플을 수집하고 날씨 패턴을 분석해 농부들이 작물 수확량을 최적화하는 데 도움이 되는 데이터 기반 서비스를 제공하는 비즈니스를 만들었다. 트랙터 및 기타 기계의 센서는 기계의 결함 및 보수를 위한 데이터를 제공하고, 자동화된 스프링클러 시스템은 날씨 데이터와 연계되어 자동으로 작동되며, 개방형 소프트웨어 플랫폼을 통해 제3자가 새로운 서비스 앱을 구축할 수 있다.

디지털 솔루션은 의사결정을 내리는 데도 활용할 수 있다. 디지털 의사결정 도구들을 활용해 비즈니스에서 더 나은 결과를 일으키는 의사결정을 내릴 수 있다.

맥킨지에 따르면, 소비자 패키지 상품을 판매하는 한 회사는 플라노그램planogram을 디자인하는 데 필요한 많은 인력을 줄일 수 있었다. 플라노그램은 진열된 상품의 색깔, 크기, 방향, 제조업체, 과거

소비자 패키지 상품을 판매하는 한 회사는 프로그램이 제안하는 진열 배치 계획대로 상품을 진열해서 매출이 크게 늘었다.

의 판매 실적, 소비자의 구매 편리성 등을 최대한 반영한 상품 진열 배치 계획을 말한다. 이들이 도입한 프로그램은 회사의 의사결정자에게 PPL(간접광고)의 효과를 획기적으로 개선할 수 있음을 보여주었다. 이들은 이 프로그램의 성능을 평가하기 위해 실제로 몇 주 동안 매장에서 이루어지는 구매 결과와 프로그램이 제안하는 플라노그램을 비교해 보았다. 프로그램이 제안하는 진열 배치 계획대로 상품을 진열해서 매출이 크게 늘었다.

디지털 솔루션은 제조업체의 제품을 업그레이드하거나 매출을 늘리는 데도 도움이 된다. 우리는 이러한 사례를 고려해 다음과 같이 예측한다.

첫째, 2020년대에는 기업들이 디지털 솔루션을 더 많이 고려하게 될 것이다. 기업들은 공급 체인 최적화를 위해 많은 노력을 기울여왔는데. 소비자를 포함하여 업스트림 및 다운스트림 파트너는 물론 동종 기업들과 데이터를 공유하는 쪽으로 트렌드가 확산될 것이다. 그로 인해 디지털 기술도 필요하겠지만 소비자 및 디지털 솔루션 제공업체, 경제사와의 관계에도 신경 써야 할 것이다.

둘째, 기업들은 소비자에게 영향을 미치는 요소들을 단독으로 포착하는

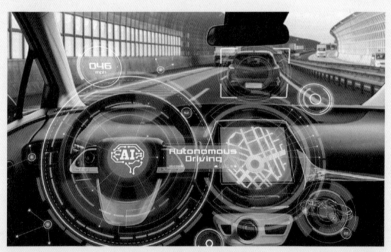

자율주행 자동차는 실시간으로 주변 환경 조건 데이티를 공유한다.

경우, 더 큰 가치를 창출하지 못할 것이다. 예를 들어 자율주행 자동차는 실시간으로 주변 환경 조건 데이터를 공유한다. 그러기 위해서는 자동차 제조사뿐만 아니라 빅데이터와 인공지능을 제공하는 IT업체, 소비자, 심지어 경쟁사들과 네트워크를 공유해야 한다. 이러한 네트워크 공유로 출퇴근 시간과 연료비용을 줄이면서 안전성을 크게 향상시킬 것이다. 따라서 기업은 혼자서만 독식하는 태도를 버리고 공생하려는 태도를 취해야 할 것이다.

사무자동화,
RPA가 업무 효율성을 높인다

코로나19로 원격근무가 늘면서 업무 프로세스의 자동화가 확산되고 있다. 업무 프로세스의 자동화는 앞으로 경제가 회복되더라도 확대될 예정이다. 현재 어떤 일이 벌어지고 있을까?

현재 우리는 다음과 같은 트렌드들은 경험하고 있다.

- 탈세계화와 리쇼어링
- 공급망 사태
- 미중 냉전
- 새로운 비즈니스 모델의 부상

코로나19로 원격근무가 늘면서 업무 프로세스의 자동화가 확산되고 있다.

- 고금리

- 포토닉스photonics (빛을 이용한 정보 전달을 다루는 연구 분야)

- 인공지능

- 양자컴퓨터

- 로봇공학

- 생명공학

- 나노 테크

　　코로나19라는 블랙 스완black swan (검은 백조)이 나타나면서 이동제
한 등으로 기업들은 원격근무를 해야 했고, 그 과정에서 업무 프로

세스의 자동화에 의존하게 되었다.

2020년 4월, 글로벌 제약기업 다케다 제약Takeda Pharmaceuticals International은 코로나19로부터 회복된 환자의 혈액에서 채취한 항체로 코로나19 치료제를 개발하기 위해 임상실험을 하려고 환자들을 모집하기 시작했다. 통상적으로 사람들에 대한 정보를 수집하고, 임상실험에 적합한 사람을 결정하고, 문서작업을 수행하는 데는 수 주일이 소요된다.

그러나 다케다 제약은 코로나19 바이러스가 확산되자, 빠르고 간단한 방법을 활용해 이러한 프로세스를 단축했다. 다케다 제약은 유아이패스UiPath라는 기업이 개발한 'RPArobotic process automation' 소프트웨어를 사용했다. 이 소프트웨어를 사용하자 수 주일이 걸리던 일을 며칠 만에 해결할 수 있었다. 이 소프트웨어를 이용한 다케다 제약의 디지털 서비스 책임자 카일 커즌Kyle Cousin은 이렇게 말했다.

"우리는 이러한 접근 방식이 매력적임을 깨달았습니다. 이제 우리는 코로나19 치료제 개발을 가속화할 수 있을 것입니다."

이 소프트웨어에 만족한 다케다 제약은 소프트웨어 봇bot을 구축하고 사용할 수 있도록 전 직원들에게 소프트웨어 교육을 시켰다. RPA 소프트웨어는 다케다 제약 전체 직원들이 연간 460만 시간 걸리던 문서작업을 보다 빠르게 처리하게 해주었다. 소프트웨어 하나만 바꿨을 뿐인데, 약 2,000명의 정규직 근로자들이 하는 업무를 크

유아이패스UiPath가 개발한 RPArobotic process automation

게 줄여준 것이다.

그렇다면 이렇게 문제제기를 하는 사람도 있을 것이다. "업무를 그만큼 쉽고 빠르게 처리하게 되면 직원들을 해고하는 것 아니냐?" 고 말이다. 하지만 다케다 제약은 소프트웨어 봇을 활용한 이후 직원들을 줄이지 않았다. 아니, 실제로 채용이 더 늘었다. 업무 성과를 높이게 되면서 이 회사의 매출은 크게 늘었고, 매출이 늘어난 만큼 사업 규모를 확장하고 직원 채용을 더 늘렸다.

현재 많은 기업들이 코로나19로 어려움을 겪고 사업을 중단하고 있다. 또 살아남더라도 비용절감 차원에서 업무 프로세스의 효율성을 높이기 위해 RPA 같은 사무자동화 소프트웨어를 사용하는 기업이 늘고 있다. RPA 소프트웨어를 제공하는 유아이패스는 2020년 1

분기에만 836개의 신규 고객사를 늘려 전년 대비 고객사 수를 두 배로 늘렸다. 유아이패스의 주요 고객은 코로나19와 관련된 보험료 지급 청구가 늘자 이를 처리하기 위해 RPA 소프트웨어를 사용하는 '보험사', 주문 및 배송 처리 현황을 고객에게 전달해야 하는 택배 업체 등이다.

인터넷 데이터 센터Internet Data Center, IDC의 애널리스트 모린 플레밍Maureen Fleming에 따르면, 경제가 회복되면 일부 기업들은 옛날 방식으로 돌아가겠지만 고급 인재가 일부 기업에만 몰리는 경향이 있으므로 상대적으로 인력 확보에 불리한 기업들은 업무 프로세스의 자동화를 선택할 것이다.

RPA 분야의 선두주자인 오토메이션 애니웨어Automation Anywhere의 부사장 맥스 만시니Max Mancini는 "코로나19로 항공여행이 크게 줄었는데, 한 항공 분야 고객사는 수동으로 수행해 왔던 데이터 입력을 자동화함으로써 환불 요청의 급증 사태를 해결할 수 있었다"고 말했다.

또 다른 사례를 살펴보자. 2020년에 중국의 많은 제조업체들이 공급망을 확보하지 못해 수출길이 막히자 컨설팅 및 아웃소싱 기업인 엑센추어Accenture는 고객사를 위해 업무 프로세스 자동화 소프트웨어를 시급하게 개발했다. 이 소프트웨어는 자연어 처리 알고리즘을 사용하여 부품 또는 소재를 지금 바로 제공해 줄 수 있는 공급업체를 찾아준다. 앞으로도 미국 등 선진국에서 리쇼어링이 확산될 것이므로, 이러한 소프트웨어는 큰 도움이 될 것이다.

이러한 소프트웨어들은 인공지능을 기반으로 한 것이다. 얼마 전까지 식품 포장 주문 업체 젠팩Genpak은 여러 직원들이 포장 주문을 직접 입력해 처리하도록 했지만, 팬테믹 이후 이 회사는 코넥시옴 Conexiom이라는 인공지능 기반 소프트웨어를 활용하여 포장 및 취소 주문 등을 자동으로 처리하고 있다.

이 회사의 고객 서비스 책임자 달린 바르딘Darlene Bardin은 코로나19로 인해 포장 주문이 폭발적으로 늘어 이전에 수행했던 방식, 즉 직접 주문을 입력하고 배송 기사를 호출하는 방식으로는 업무 처리가 불가능했을 것이라고 밝혔다.

이러한 트렌드를 고려해 우리는 다음과 같이 예측할 수 있다.

첫째, 2027년까지 로봇 프로세스 자동화 소프트웨어, 즉 RPA 시장은 110억 달러 규모로 성장할 것이다. 우리는 이미 워드프로세서와 스프레드시트를 이용해 일일이 종이 장부에 기록하지 않고도 쉽고 간단하게 업무를 처리하고 있다. 그런데 이제는 고객 데이터 확보와 분류, 고객상담 등의 업무를 자동으로 할 수 있게 되었다. 고객을 응대하는 챗봇 등의 서비스는 이미 널리 확산되었다. RPA 시장은 코로나가 확산되기 전에도 이미 성장하고 있었는데, 앞으로는 더욱 성장할 것이다. 그랜드 뷰 리서치Grand View Research에 따

RPA 시장은 2020년부터 2027년까지 매년 33% 이상 성장할 전망이다.

르면, 2019년 RPA 소프트웨어의 매출은 총 11억 달러에 달했는데, 2020년부터 2027년까지 매년 33% 이상 성장할 전망이다.

둘째, RPA 소프트웨어를 활용해 업무 효율성을 높이는 기업이 늘면 이를 모방하는 기업도 늘 것이다. RPA 소프트웨어를 개발하는 기업과 이 소프트웨어를 이용해 영업이익을 늘리는 기업은 성장할 것이다.

바이오필릭,
자연친화적 업무환경이 유행한다

사람들은 집을 고를 때 교통과 교육, 생활편의시설도 고려하지만 주위에 숲이 우거진 공원이나 산이 있는지도 눈여겨본다. 숲세권에 살고 싶어 하는 사람이 많은 것처럼 자연친화적 업무환경을 제공하는 기업이 인기다. 자연친화적인 업무환경은 개인에게는 행복과 만족을 느끼게 하고, 조직에게는 생산성을 높여주고, 이직 방지 효과도 보장해 준다. 최근 어떤 일들이 벌어지고 있을까?

평균적으로 우리는 하루 24시간 중 약 92%를 실내에서 보낸다. 그런데 바이오필리아 가설biophilia hypothesis에 따르면, 인간은 본능적으로 자연과 교감하기를 원하며, 자연을 접하다 보면 심리적 스트레스가 줄어들며 집중력도 향상된다. 자연을 자주 접하면 다음과 같은 결과를 얻을 수 있다.

- 더 큰 활력과 의지가 생기고,
- 정신적으로 더 명료해지고,
- 주위 사람을 돕고자 하는 행동이 증가한다.

반대로 자연을 접하지 못하면 스트레스와 우울증에 취약해진다.

이처럼 업무환경은 우리에게 큰 영향을 끼친다. 현명한 고용주들은 직원들이 자연과 격리된 공간에서 오랫동안 일하면 많은 문제들이 발생할 수 있음을 잘 알고 있다. 그래서 얼마 전부터 자연친화적인 바이오필릭 인테리어로 업무공간을 꾸미는 기업이 늘고 있다.

'바이오필릭Biophilic'은 자연과 생명을 뜻하는 '바이오bio'와 그리스어로 사랑을 뜻하는 '필리아philia'가 합쳐진 합성어이다. 바이오필릭은 자연의 가치를 중시하고, 자연을 사랑하는 인간 본성을 추구한다.

자연친화적 업무환경은 성과로도 이어진다. 텍사스 A&M 대학의 앤서니 C. 클로츠Anthony C. Klotz 교수와 오클라호마대학의 마크 볼리노Mark Bolino 교수에 따르면, "자연환경과 밀접하게 상호작용하도록 하면 직원들의 업무 생산성이 높아진다." 또 영국 맨체스터대학 연구팀은 바이오필릭 환경에서 근무한 7,600명을 대상으로 설문조사를 했는데, "15%는 삶의 질well-being이 좋아졌고, 6%는 생산성이 높아졌으며, 15%는 창의력이 개선되었다"고 답했다.

직원들이 자연에 직접적으로 노출되도록 업무공간을 마련하면 자연친화적 욕구를 가장 크게 만족시킬 수 있다. 직원들이 야외에서 휴식을 취할 수 있도록 식물이 있는 옥상 테라스를 제공하는 것도 한 방법이다. 한국의 삼성전자는 이것보다 더 진일보한 조치를 취했다. 캘리포니아 산호세에 있는 삼성전자 R&D 본부는 3층마다 한 층씩 정원층을 설치했다. 또 아웃도어 브랜드 REI는 전 직원들에게 1년에 두 번의 '야호 데이즈Yay Days'를 제공한다. 이 휴가 기간 동안은 야외에서 보내야 한다. 마찬가지로 선글라스 제조업체 오클레이 Oakley는 직원들에게 스키장 이용권을 제공해 야외에서 시간을 보내도록 권장하고 있다.

자연적인 요소를 실내로 가져오면 직원들이 자연과 접촉할 수도 있다. 시애틀에 있는 아마존 본사Amazon Spheres 건물은 열대우림 숲인지 사무실인지 헷갈릴 정도다. 이 건물의 벽은 '살아 있는 벽'이다. 건물을 설계할 때 아마존은 토양 지반의 벽에서 식물이 자라도록 했다. 또 뉴욕 브루클린에 위치한 전자상거래 업체 엣시Etsy는 새로 지은 본사의 9개 층에 '살아 있는 벽'을 설치했다.

안타깝게도 이런저런 이유로 자연에 직접 노출되는 업무환경을 제공하지 못하는 기업도 있을 것이다. 이러한 경우에 고용주는 실

캘리포니아 산호세에 있는 삼성전자 R&D 본부는 3층마다 한 층씩 정원층을 설치했다.

외가 잘 보이는 넓은 창문뿐만 아니라 자연적 요소를 표현한 인공물, 자연친화적인 건축 자재를 활용해 간접적인 노출을 제공할 수도 있다. 건축가 프랭크 로이드 라이트Frank Lloyd Wright가 설계한, 러신Racine에 위치한 SC 존슨 본사SC Johnson Administration Building는 나무 모양의 기둥들이 건물의 업무 공간을 받치고 있는데, 이 기둥들은 사바나 대초원의 나무들을 기능적, 형태적으로 모방한 것이다.

또 가상현실 기술을 활용해 자연친화적인 업무환경을 제공하는 기업도 있다. 샌프란시스코에 위치한 세일즈포스닷컴Salesforce.com 본사의 1층 벽면에는 강, 숲, 폭포를 고화질로 보여주는 108피트 규모의 가상현실 디스플레이가 설치되어 있다. 마찬가지로 맨해튼에

세일즈포스닷컴Salesforce.com 본사의 1층 벽면에는 강, 숲, 폭포를 고화질로 보여주는 108피트 규모의 가상현실 디스플레이가 설치되어 있다.

위치한 건축 회사 쿡폭스Cookfox는 사무실에 디지털 공기 모니터링 기기를 설치해 높은 수준의 이산화탄소 또는 오염 물질이 감지되면 신선한 공기를 업무 공간에 제공한다.

유기농 식음료 기업 클리프 바Clif Bar는 자연친화적 원칙을 기반으로 아이다호 베이커리Idaho bakery의 건물을 설계했는데, 이 기업의 CEO 케빈 클리어리Kevin Cleary는 다음과 같이 말했다.

"직원들이 건강하게 일할 수 있는 장소가 되길 바란다. 일하는 우리 직원들, 우리 회사를 찾아오는 사람들을 위한 공간을 만들고 싶었다."

애플 본사

애플Apple의 수석 디자이너 노먼 포스터Norman Foster는 새로운 본사에서 가장 중요한 디자인적 요소가 무엇인지를 묻자 이렇게 답했다.

"건물 주변의 자연경관과 애플 직원들의 강력한 연계에 집중했다. 직원들이 신선한 공기를 마시고, 야외와 하늘을 볼 수 있을 때 더 생산적이며, 더 깨어 있고, 위기에 더 훌륭하게 대응할 수 있다."

자연환경과 접하지 못하면 '업무 불만족', '번아웃burnout'을 일으킬 수 있다. 반대로 직원들을 자연환경과 접하게 하면 얻을 수 있는 이득은 매우 많다. 직원들이 자연을 접하면 인지적, 정서적, 사교적, 신체적 에너지가 향상될 수 있다.

또 다른 사례를 살펴보자. 퀘벡 시티에 있는 웹 호스팅 회사 OVH는 사무실 내에 이동 가능한 화분을 배치해 직원들이 원하는 곳에 화분을 옮길 수 있도록 해놓았다. 업무 공간 디자인에 직원을 참여시킨 것이다.

워싱턴에 위치한 REI의 새 본사는 모든 회의실이 야외와 이어지도록 설계되어서, 연중 야외 회의가 가능하다. 또 공간 디자인의 20%는 미완성 상태로 남겨두었다. 직원들의 원하는 대로 디자인을 꾸밀 수 있게 한 것이다. 이처럼 직원들의 개인적인 취향도 존중하면서 자연친화적인 업무공간을 제공하는 회사도 많다.

이러한 추세를 고려하여 우리는 다음과 같이 예측한다.

첫째, 자연과의 접촉을 강화하는 기업은 직원들의 업무 능력을 향상시킬 것이다. 자연친화적인 공간에서 일하면 에너지를 재충전하고 일에 대한 열정을 키울 수 있기 때문이다. 이는 마치 운동이나 휴식, 명상을 하는 것과 같다. 심리학자들에 의하면, 자연환경과 접촉하면 인간의 인지 기능은 향상된다. 옥상 테라스에서 휴식을 취할 때 직원들은 신선한 공기와 햇볕을 접하며 정신적으로 충만해지는 에너지 효과를 얻을 수 있다.

그리고 기왕이면 정적인 것보다는 동적인 환경을 제공하는 것이 낫다. 안소니 클로츠와 마크 볼리노는 "아무리 좋은 것도 자주 접하다 보면 질리듯이, 자연환경도 반복적으로 접하다 보면 그 매력이 떨어질 수 있다. 기왕이면 시간이 지남에 따라 변화를 느낄 수 있는 자연환경을 접하는 게 좋다"고 말했다. 인도의 구르가온Gurgaon에 있는 SAP의 사무실은 자연친화적인 원목 바닥과 식물이 자라는 벽으로 꾸며졌고, 그와 함께 대형 수족관을 설치했다. 대형 수족관에서 물고기들이 움직이고 벽에는 식물이 자라고 꽃이 피므로 동적인 환경까지 제공한 셈이다.

둘째, 업무 공간과 떨어진 공간에 자연친화적인 공간을 마련하는 기업은 직원들에게 정서적으로 활력을 불어 넣어 더 나은 성과를 거둘 것이다. 업무 공간과 좀 떨어진 곳에 자연친화적인 공간을 마련하면 마치 잠시 휴가를 떠

쿡폭스의 옥상 테라스

난 것과 같은 기분이 들 수 있다. 미국 워싱턴에 위치한 마이크로소프트 본사 건물은 수목이 우거진 공원을 둥글게 에워싼 형태로 배치했다. 마이크로소프트는 건물 근처 숲속에 나무집을 지어 직원들이 회의와 공동 작업을 하는 공간으로 꾸며놓았다. 또 취업 전문 사이트 인디드Indeed의 도쿄 사무소의 한쪽에는 나무, 이끼, 바위로 둘러싸인 자연친화적 오아시스가 마련되어 있다. 직원들은 이곳에서 마치 사막에서 오아시스를 만난 것 같은 기분이 들 것이다.

그런데 이러한 공간을 마련했다고 해서 직원들의 업무량을 늘리면 안 될 것이다. 그러면 직원들은 회사를 위해 열정을 발휘하지 않을 것이고, 이러한 노력이 무용지물이 될 것이다.

셋째, 자연친화적인 환경을 제공받으면 직원들은 직장뿐만 아니라 다른 곳에서도 긍정적인 인간관계를 구축하려 할 것이다. 원망과 분노, 미움보다

마이크로소프트는 건물 근처 숲속에 나무집을 지어 직원들이 회의와 공동 작업을 하는 공간으로 꾸며놓았다.

는 감사와 기쁨, 배려가 넘칠 것이다. 우리가 숨 쉬는 공기는 모두가 함께 맡는 것이고, 우리가 보는 태양 역시 모두가 볼 수 있는 것이다. 이처럼 자연은 우리 모두를 하나로 이어주는데, 자연과 접하며 우리는 다른 사람들과 하나가 되는 느낌을 받을 것이다. 결국 긍정적인 정서를 기를 수도 있다. 실제로 인간은 자신이 자연의 일부라고 느끼는 만큼 다른 사람에게 개방적일 가능성이 높다. 이러한 이점을 염두에 두고 자연친화적 업무환경을 설계한다면 좋을 것이다.

인성 교육,
스펙보다 인성이 중요하다

오늘날 전 세계적으로 부의 양극화가 심해지고 있다. 그 격차를 좁히기 위해서는 교육이 필요하다고 생각해 대학 또는 대학원 교육을 받느라 학자금 대출까지 받고 있다. 그런데 요즘은 스펙보다는 인성을 눈여겨 보는 기업이 많다. 성공을 부르는 인성 교육에 대해 알아보기로 하자.

1940년에 대기업 제너럴 모터스를 컨설팅하던 피터 드러커는 훗날 '뛰어난 리더'의 모범이 된 알프레드 슬론Alfred Sloan 회장과 만났다. 슬론 회장은 이렇게 말했다.

"최고경영자는 직원이 일하는 방식에 대해 관대해야 하고 과도하게 신경 쓰지 말아야 한다. 직원은 성과performance와 인성character 으로만 평가해야 한다."

오늘날에도 성과와 인성은 CEO부터 신입직원에 이르기까지 사람을 평가하는 핵심 기준이다. 우리는 어릴 적부터 성과에 의해 평가받는다. 초등학교에 입학해서 대학을 졸업할 때까지 학업 성과에 따라 성적을 받고, 직장인이 되어서는 업무 성과에 따라 평가받고 연봉 인상과 승진이 결정된다. 높은 성과가 성공을 이끄는 것이다.

그리고 슬론 회장이 말했듯이 성과 못지않게 인성도 중요하다. 회사라는 조직에서 다른 구성원들과 불협화음을 일으키면 아무리 일을 잘해도 소용없기 때문이다.

노벨 경제학상을 수상한 제임스 헤크먼James J. Heckman 시카고대학 경제학과 교수는 『The Myth of Achievement Tests(성취도 평가의 신화)』라는 책에서 다음과 같이 주장했다.

"인성은 인지 역량보다 중요하다. 인생에서 성공하려면 다양한 역량이 필요하다. 수많은 연구를 통해 IQ나 학업성취도 평가 점수 등의 인지적 특성보다 인격 또는 인성이 중요하다는 결과가 입증되었다."

헤크먼 교수는 "개인의 인성은 태어나면서부터 가지고 있는 것이 아니다. 주로 청소년기에 형성되는 인지 역량과는 달리, 인성은 개인의 삶 전체에 걸쳐 형성되고 바뀔 수도 있다"고 말했다. 인성을 외면한 채 인지 역량을 개발하는 데만 중점을 두는 교육 시스템은 학생들의 성공에 도움이 될 수 없다. 그리고 성과만으로 최고의 자리에 오를 수 있는 환경을 만든다면 사회와 세상에 더 큰 해악을 끼칠

제임스 헤크먼James J. Heckman

수도 있다. 시어도어 루즈벨트 대통령이 말했듯이 "도덕을 배제한 채 학습만 시키는 것은 사회에 위협적인 존재를 기르는 셈이다." 기업기밀 유출, 금융사기 등의 주범은 똑똑하지만 인성은 부족한 고학력자들이다. 이들이 사회와 국가에 해를 끼친 사례는 셀 수 없을 정도로 많다. 그래서 전 세계 학교와 기업이 인성 교육에 관심을 갖기 시작했다.

토머스 리코나Thomas Lickona 교수와 매튜 데이비드슨Matthew Davidson 교수는 〈Smart and Good High Schools(똑똑하고 좋은 고등학교)〉라는 보고서에서 이렇게 말했다.

"전 세계 인류 역사와 문화를 통틀어 올바른 교육에는 두 가지의 위대한 목표가 있었다. 학생들을 똑똑하게 만드는 것, 그리고 학생들을 훌륭하게 만드는 것이다! 인성이란 이 두 가지 목표, 즉 우수함과 도덕성에 이르게 하는 길이다. 학교와 직장에서 그리고 은퇴 후에도 탁월한 잠재력을 발휘하기 위해서는 근면성, 직업윤리, 긍정적 태도, 인내심 같은 '수행 인성performance character'이 필요하다. 원만한 대인관계를 위해서는 진정성, 배려, 협력, 정의감 같은 '도덕 인성moral character'이 있어야 한다. 수행 인성을 갖추지 못하면 능력을 개발할 수 없고 생산적인 삶을 이끌 수 없다. 또한 도덕 인성을 갖추지 못하면 윤리적인 삶을 살 수 없다. 그러면 사회는 거짓말쟁이와 도둑으로 가득 차게 될 것이다."

리코나 교수와 데이비드슨 교수는 이어서 '인성을 갖춘 사람의 8가지 특징'을 소개했다.

1. 평생 배우고 비판적으로 생각할 수 있는 사람
2. 근면하고 능력 있는 사람
3. 사회성과 공감 능력을 갖춘 사람
4. 윤리적으로 사고하는 사람
5. 존경받고 책임감 있는 도덕적인 사람
6. 건강한 삶을 추구하는 자제력이 강한 사람
7. 사회에 기여하는 민주 시민

8. 올바른 삶의 목적을 가진 사람

미국 정부는 실제로 20여 개 고등학교 학생들을 대상으로 인성 교육을 실시했다. 이 학교들은 교사, 학생, 학부모, 지역사회와 합심하여 수행 인성과 도덕 인성을 개발하고, '인성을 갖춘 사람의 8가지 특징'을 극대화하는 데 중점을 두고 있다.

학생들의 수행 인성과 도덕 인성을 키우기 위해, 리코나 교수와 데이비드슨 교수가 제안하는 전략은 다음과 같다.

- 학생들을 멘토링하는 교실 환경을 조성하라. 학생들로 하여금 특이한 의견도 편안한 마음으로 발표하게 해야 하며, 이들을 합리적으로 평가하고, 학생들에게 다양한 관점에서 주제를 탐구하도록 요구해야 한다.
- 교사는 학생들과 함께 속임수나 거짓말이 학교의 명예를 실추시키고 그들의 교육과 진정성, 자존감을 파괴한다는 점을 함께 논의해야 한다. 학생들로 하여금 정직에 중점을 두는 학교 문화를 만들어 나가도록 이끌어야 한다.
- 학생들끼리 서로 조언해 주는 그룹을 만들어야 하며, 이 그룹의 구성원들은 수행 인성, 도덕 인성 및 '인성을 갖춘 사람의 8가지 특징'을

키우기 위해 서로를 지원하고 자극해야 한다.

■ 학교에 입학하면 학생들은 자신이 어떤 사람이 되고 싶은지에 대한 '꿈 선언문'을 작성해야 한다. 또한 교육을 받으면서, 그리고 교육이 끝난 이후에도 경험을 통해 배운 바를 바탕으로 그 선언문을 계속 수정해야 한다.

■ 모든 과정마다 다양한 관점에서 학생들은 성공에 필요한 인성의 힘에 대해 고찰해야 한다. 긍정적 태도, 협력, 인내심, 용기와 같은 인성들 말이다. 그리고 스스로 이러한 자질들을 평가하고 목표를 설정해야 한다.

■ 학생들은 성과와 인성이 모두 뛰어난 사람들에 대해 연구하고, 그런 사람들이 어떻게 인성을 길렀는지를 본받아야 한다.

■ 역사와 인문학 수업을 통해 교사는 역사적 인물들의 수행 인성과 도덕 인성에 대해 학생들과 토론한다. 학생들에게 "무엇이 그들을 위대하게(혹은 초라하게) 만들었는가?" 또는 "그들의 수행 인성과 도덕 인성 사이에 괴리가 있는가?" 등의 질문을 던질 수 있다.

■ 목수, 기술자, 법률가, 기업인 등 다양한 직업군으로부터 모범이 될 만한 인물들을 학교에 초청해 그들의 이야기를 들어보도록 한다. 그들에게 다음과 같이 물어볼 수 있을 것이다. "어떻게 일에서 만족을 느끼십니까?", "어려운 일을 어떻게 해결합니까?", "직장에서 접하는 윤리적 문제로는 어떤 것들이 있습니까?"

■ 실제로 일하고 있는 사람들을 관찰하고 인터뷰할 수 있는 기회를 학

생들에게 제공해야 한다. 학생들은 그 결과를 정리하고 그에 대해 토론하며, 관찰한 직업이 속한 분야에서 성공하기 위해 필요한 수행 인성과 도덕 인성의 특징이 무엇인지 분석해야 한다. 그리고 자신이 가진 인성의 강점을 다음과 같이 해당 직업에 투영해 볼 수 있다. "내 인성의 강점 중 이 분야에서 성공하는 데 도움이 될 수 있는 것은 무엇인가?", "내가 개발해야 할 인성 역량은 무엇인가?"

■ 학생들에게 지역사회의 봉사 활동에 참여할 수 있는 기회를 제공해야 한다. 공감, 연민, 정의감, 이타심 등 타인에 대한 봉사와 연관된 도덕 인성의 자질뿐만 아니라 조직력, 근면성, 독창성, 인내심 등 수행 인성의 자질을 학생들 스스로 기르도록 한다.

■ 학생들이 직업 현장을 체험하는 기회를 정기적으로 가질 수 있어야 한다. 다양한 직업들을 체험하고 여러 분야의 전문가들에게 성공적인 직업 생활에 필요한 수행 인성과 도덕 인성을 기르는 방법을 배우도록 해야 한다.

이처럼 학교에서도 인성 교육을 하고 있는데, 실제로 인성 교육을 하고 있는 기업들도 많다. 이러한 트렌드를 고려해 우리는 다음과 같이 예측해 본다.

첫째, 교육 현장에서는 갈수록 인성 교육과 진로 교육을 강화할 것이다. 미국을 비롯해 교육열이 강한 국가들의 교육부는 인성 교육과 진로 교육을 늘리는 쪽으로 교육과정을 개정하고 있다. 학교에서 인성 교육과 진로 교육을 늘리면 기업과 사회에 필요한 좋은 인재들이 길러질 것이다.

둘째, 학교뿐 아니라 직장에서도 인성 교육이 확산될 것이다. 고등학생의 수행 인성과 도덕 인성을 개발하기 위해 리코나 교수와 데이비드슨 교수가 제안한 전략은 학생뿐 아니라 직장인에게도 필요할 것이다. 신입사원에게 '꿈 선언문'을 작성하게 하고, 그룹 토의, 체험 등을 하게 한다면 '인성을 갖춘 사람의 8가지 특징'을 극대화할 수 있을 것이다.

실제로 한국의 바인그룹은 이러한 일들을 하고 있다. 바인그룹의 구성원들은 2011년과 2015년에 타임캡슐 간직식을 개최했다. 바인그룹 전 구성원들의 꿈과 희망을 적은 글을 타임캡슐에 담아 매설했다.

교육 사업을 하고 있는 바인그룹은 '사람을 키워야 회사도 성장한다'는 경영철학을 가지고 있다. 바인그룹의 미션은 '대한민국 청소년들의 학습역량뿐만 아니라 인성을 갖춘 건강한 성장을 돕는 것'이다. 이를 위해 청소년을 위한 인성 상품들을 개발하여 코칭하고 있으며, 이러한 교육을 받은 청소년들이 사회에 빛과 소금 같은 귀한 인재로 성장하기를 바라고 있다. 그리고 창

바인그룹 구성원들이 2011년에 매설한 소망씨앗 타임캡슐

립 초기부터 구성원들에게도 인성 교육을 하고 있는데, 사내 교육으로 스피치를 기반으로 실천하는 리더십을 알려주고 인성을 키우도록 하는 '액션스피치리더십코스', 감사를 통해 행복한 나, 행복한 가정, 행복한 조직문화 만들기를 목표로 하는 '감사행복나눔 프로그램' 등을 운영하고 있다.

또 구성원들끼리 업무 노하우를 공유하는 조직문화를 가지고 있는데, 카카오톡 단톡방 등을 활용해 선후배 사이에 자유롭게 노하우를 공유하고 있다.

셋째, 수행 인성뿐 아니라 도덕 인성까지 갖춘 사람들이 늘어나면 경제적으로도 긍정적인 효과가 발생할 것이다. 데이비드 캘러헌David Callahan의 『치팅컬처The Cheating Culture』에 의하면, "CEO에서 신입사원에 이르기까지 모든

구직자들의 절반은 이력서를 거짓으로 작성하고, 결국 제대로 업무를 수행할 수 없는 일자리에 취업한다." 정직은 다른 사람을 위해서도 자기 자신을 위해서도 필요한 것인데, 만약 미국인들이 소득을 속이지 않고 정확하게 신고한다면 적어도 매년 2,500억 달러의 세금이 더 걷힐 것이다. 정직과 배려, 협력 등을 갖춘 사람들이 늘어나면 기업과 국가에도 경제적으로 이로울 것이다.

Z세대,
일터에 등장하는 그들과
어떻게 일해야 할까?

베이비붐 세대와 X세대에 이어 M(밀레니엄)세대가 일터에 뛰어들었고,
이제는 Z세대가 등장하고 있다. 기성세대에 비해 이 새로운 세대는 생
각을 비롯해 일하는 방식 등 모든 것이 다르다. Z세대는 기성세대와 무
엇이 다를까? 과연 그들은 일터에서 기성세대와 융합될 수 있을까? 새
롭게 일터에 등장한 Z세대와 함께 어떻게 일해야 할까?

'Z세대Generation z'는 1990년대 중반부터 2000년대 초반 사이에 태
어난 이들을 가리키며, 현재 미국 인구의 25%가량을 차지하고 있다.
미국 인구조사국U. S. Census Bureau에 따르면 Z세대의 인구는 밀레니
엄 세대나 베이비붐 세대보다 많다. 그리고 이제 1990년대 중반에
태어난 Z세대들이 노동인구에 편입되기 시작했다. 2023년에는 이

2023년에는 Z세대가 미국 노동인구의 20%를 차지할 전망이다.

들이 미국 노동인구의 20%를 차지할 전망이다. 그리고 10년 후에는 미국에서 6,000만 명의 Z세대가 구세대와 함께 일하게 될 것이다.

그런데 이제까지 우리는 M(밀레니엄)세대와 Z세대를 아울러 MZ 세대라고 일컬어왔다. 하지만 M세대와 Z세대는 이렇게 다르다.

- 1980대 초부터 태어난 M세대는 초등학생 이후부터 디지털 기술을 접했지만 Z세대는 태어나자마자 디지털 기술과 함께 성장했다. 인터 넷과 소셜 미디어, 스마트폰이 없는 세상을 이들은 상상조차도 할 수 없다.
- Z세대는 부모에게 조언자 역할을 기대하고 의지한다. 컨설팅 회사 로

버트 하프Robert Half의 설문조사 결과, Z세대의 82%는 '부모가 자신의 직업을 선택하는 데 도움을 줄 것'이라고 생각하고 있었다. 또 컨설팅 회사 레인메이커 씽킹Rainmaker Thinking의 창업자 브루스 툴간Bruce Tulgan에 따르면, "이들은 역사상 그 어떤 세대보다 어려서부터 부모와 교사, 상담사에게 지도와 지원, 코칭을 받은 세대다."

- 이렇게 자신을 지원해 주는 네트워크가 강하기 때문에 Z세대는 인간관계를 중요시한다. 온라인을 통해 일하는 것을 이전 세대보다 편하게 생각하면서도, 한편으로는 상사와 직접 대면하며 일하는 것을 선호한다. 컨설팅 전문기관 밀레니얼 브랜딩Millennial Branding과 인력 회사 랜드스타드 USRandstad US의 설문조사 결과, "Z세대의 53%가 문자 메시지나 유튜브보다는 대면 소통을 선호한다"고 밝혀졌다.

- 로버트 하프의 설문조사에 의하면, Z세대의 2/3가 일터에서 자신이 속한 팀의 동료들과 협업하길 원한다. 코로나19 이후 재택근무 선호도가 높아지고 실제로도 재택근무가 늘어난 점을 고려하면, "Z세대 중에서 단 4%만 재택근무를 선호한다"는 조사결과는 좀 특이한 현상이다.

- 인력 리서치 업체 유니버섬Universum의 연구에 따르면, Z세대의 절반 이상이 자기 사업을 시작하고자 하는데, 이는 밀레니엄 세대보다도 높은 수치다.

- Z세대는 일하는 장소를 옮기면서 일하는 것을 즐기는데, 홀로 일할 때는 조용한 장소, 동료들과 협업할 때는 열린 장소로 선호한다. 또한 사

회활동을 할 때는 인터넷 연결이 가능한 야외를 선호한다.

- Z세대는 한 회사에서 오랜 경력을 쌓는 것을 중요하게 여기지 않는다. 취업 정보 회사 아데코 스태핑 USA Adecco Staffing USA의 연구에 따르면, "Z세대의 83%는 첫 취업한 회사에서 3년 이하의 기간 동안 머물 계획을 가지고 있는 것"으로 나타났다. 또 "1년 이하의 기간 동안만 첫 직장에서 일하겠다"고 응답한 Z세대도 27%나 됐다. 로버트 하프의 설문조사에 따르면, 'Z세대는 보통 평생 동안 4개의 회사를 다닐 것'이라고 생각하는 것으로 드러났다.

- Z세대의 50%는 60세 이전에 은퇴하길 원하지만, 50% 이상은 61~70세에도 일하기를 원한다. 이들의 2/3 이상은 '자신들이 그 이전 세대보다 더 열심히 일해야 할 것'이라고 생각하는데, 경제적으로 불확실한 시대에 성장한 세대라서 경제적 안전성을 우선순위에 두는 것이다.

- 밀레니엄 세대와는 달리 Z세대는 상사들이 자신들의 제안과 아이디어에 관심을 표하기를 적극적으로 바란다.

- Z세대의 약 40%는 자신의 개성을 발휘할 직업을 얻지 못할 수도 있다는 두려움을 갖고 있다.

- Z세대의 3/4 이상은 그들의 고용주가 세상을 위해 '옳고 선한 일'을 하기를 원한다. Z세대의 45%는 세상을 좀 더 좋게 만드는 데 일조하는 회사에서 일하는 것이 높은 연봉을 받는 것만큼 중요하다고 생각한다.

- Z세대가 직업을 선택할 때 가장 중요하게 여기는 요소들은 다음과 같다. 직업적 기회(64%), 높은 연봉(44%), 사회에 끼치는 긍정적 영향(40%), 직업 안정성(38%). 짧은 출퇴근 거리(6%), 그럴듯한 직책(3%). Z세대가 중요하게 여기는 요소들 중 '높은 연봉'이 2위인데, 로버트 하프의 설문조사에 따르면 대학 졸업 후 입사 1년차에 기대하는 연봉은 평균 4만 6,799달러이다. Z세대의 약 80%는 글로벌 대기업이나 중견기업 이상의 기업을 선호했다.

- Z세대와 함께 일하기 위해 관리자들은 이 세대가 훌륭한 상사의 덕목 중 가장 중요한 것으로 '정직함(38%)'을 꼽는다는 점을 염두에 둬야 할 것이다. 그 다음은 멘토링 능력(21%), 열정(18%)이다.

- Z세대는 그들의 앞 세대인 밀레니엄 세대와 함께 일하는 것에 거부감이 없다. 절반 이상이 그들과 협업하는 것이 '수월'할 것이라고 믿는다. '대체로 수월할 것'이라고 응답한 것까지 포함하면 79%가 밀레니엄 세대와 함께 일하는 것이 수월할 거라고 응답했다. 그러나 기성세대인 베이비붐 세대(제2차 세계대전부터 1960년대까지 태어난 세대)와 일하는 것이 '수월'할 것이라고 생각하는 비율은 27%에 불과했고, 45%가 '매우 어려울 것' 또는 '약간 어려울 것'이라고 응답했다. 로버트 하프의 설문조사에 따르면, 그 이유는 베이비붐 세대가 자신들이 너무 어리다는 이유로 아이디어를 받아들이지 않을까 우려하기 때문인 것으로 나타났다.

- 〈포브스〉에 따르면, 부모보다 자신들의 생활수준이 더 나아질 것이라

고 생각하는 Z세대는 56%에 불과했다. 반면에 밀레니엄 세대의 경우 71%에 달했다.

이러한 Z세대의 특성을 고려해 우리는 다음과 같이 예측할 수 있다.

첫째, Z세대와 함께 일하기 위해 고용주들은 그들의 이직 방지에 집중해야 할 것이다. Z세대의 87%는 첫 직장에서 3년 이하, 27%는 약 1년 정도 근무하기를 희망하고 있기 때문이다. 아데코 스태핑 USA Adecco Staffing USA의 연구결과에 따르면, 한 명의 밀레니엄 세대 직원을 교체하는 데 기회비용이 연 2만 달러 정도 소모된다. 그들보다 근무기간이 짧을 것으로 예상되는 Z세대의 경우는 기회비용이 더 늘어날 것이다. 따라서 앞으로 기업은 신규 직원을 채용하고 교육시키는 데 드는 비용 등을 더 높게 책정해야 할 것이다.

둘째, Z세대의 고용 유지 기간을 늘리기 위해 관리자들은 그들의 리더십 스타일을 Z세대에 맞춰야 할 것이다. 로버트 하프가 발표한 보고서는 'Z세대와 함께하기 위한 5가지 가이드라인'을 내놓았다.

1. 나이에 상관없이 그들을 존중하고, 그들의 제안과 의견을 가치 있게 생각한다는 점을 보여줘라.
2. 가장 최신의 디지털 기술에 익숙해져라.
3. 이메일보다 직접 대면하며 의사소통하라.
4. 지속적으로 피드백을 주고 지원하라.

5. 정직하게 말하고 진정성 있게 대하라.

셋째, Z세대 직원의 생산성을 최대화하려면 고용주는 그 직원들의 부족한 부분을 채워주는 교육을 제공해야 할 것이다.

Z세대에게 부족한 능력은 '글쓰기' 다. 약어와 이모티콘을 사용해 문자를 전송하며 성장했기 때문이다. Z세대의 상당수는 업무에서 효과적으로 소통하는 데 필요한 글쓰기 능력이 떨어진다. 일반적으로 글쓰기에는 능숙하지만 새로운 기술을 학습하는 속도가 떨어지는 베이비붐 세대와 달리, Z세대는 새로운 디지털 도구에 적응하는 속도가 빠르지만 기본적인 커뮤니케이션 능력을 학습하는 속도가 느린 편이다. 따라서 기업은 유튜브 강의나 전문가를 통해 Z세대 직원들에게 글쓰기 교육을 시행해야 할 것이다.

또한 브루스 툴간에 따르면, Z세대는 다음의 5가지 핵심 능력을 갖추지 못한 채 직장생활을 할 것이므로 고용주들은 이에 대해 교육할 필요가 있다.

1. 자신의 업무 성과를 평가하는 법

2. 자신의 행동에 대한 주인의식을 가지는 법

3. 긍정적 태도를 유지하는 법

4. 업무에 영향을 줄 수 있는 개인적 오락 활동을 피하는 법

5. 일정을 관리하고 생산적으로 일하는 방법을 익혀 효율성을 높이는 법

한국의 바인그룹이 추구하는 핵심가치는 '인재양성'이다. 바인그룹은 구성원들의 사내교육을 위해 바인아카데미를 운영하고 있는데, 바인아카데미는 구성원들의 자기성장을 위한 회사주도, 부서주도, 자기주도 프로그램 등을 다양하게 운영하고 있다.

넷째, Z세대 중에는 창업을 원하는 이들이 많은데, 이들 중에는 창업하기 전에 직장생활 경험을 하고자 취업하는 이들이 많다. 또 Z세대의 상당수는 회사라는 조직에 충성하는 것보다 자신의 성장과 발전을 위해 일하려는 경향이 있다. 아데코 스태핑의 연구에 따르면, Z세대의 상당수는 유연한 근무 스케줄을 제공하는 직장에서 일하기를 원한다. 또한 자신들에게 필요한 아이디어를 제공하고, 최신 디지털 기술을 활용하면서 동료들과 협업하기를 원하고 있다.

한국의 IT기업 마이다스아이티는 직원들에게 5성급 호텔식 식사를 제공하고, 근속 5년마다 4주 유급휴가를 보내주며, 월 1회 임직원 가족에게도 호텔급 식사를 제공하며, 회사 내에 미용실, 수면실 등을 마련해 놓았다. 이 회사의 입사 경쟁률은 최고 1,000:1'에 달한다.

다섯째, Z세대는 건강도 중시한다. 기업은 그들의 건강한 생활을 지원하는 업무 환경을 제공해야 할 것이다. 닐슨Nielsen의 연구에 따르면, Z세대의 40%는 회사 식당에서 영양이 풍부하면서도 건강한 메뉴를 제공받길 원한다. 이들은 높은 연봉도 원하지만 좋은 식단을 제공하는 회사에서 일하기를 원한다. 밀레니얼 브랜딩과 랜드스타드의 연구에 따르면, 'Z세대 노동자의 40%가 회사가 직원들에게 건강을 위한 프로그램을 제공해야 한다'고 생각하는 것으로 나타났다. 직원의 건강을 위해 좋은 식사를 제공하는 식당과 카페, 헬스장과 휴게실 등을 마련하는 기업에 Z세대 인재가 몰릴 것이다.

고령화,
피할 수 없지만 과학기술로 해결된다

전 세계 곳곳에서 인구 고령화가 빠르게 진행되고 있다. 일반적으로 고령화는 경제 성장에 부정적인 영향을 미치는 것으로 알려져 있다. 그러나 그것은 과거의 통념일 뿐, 4차산업혁명 시대에는 그렇지 않을 수도 있다. 인공지능과 자동화, 의학기술의 발달 등으로 고령화로 인한 문제를 극복할 수 있기 때문이다.

세계는 지금 고령화가 진행 중이다. 현재 미국은 65세 이상 고령 인구가 전체 인구의 16%를 차지하고 있고, 2035년에는 21%에 이를 전망이다. 2023년에는 고령 인구가 18세 미만의 젊은 인구보다 많아질 것이다. 이는 미국만의 이야기가 아니다.

인구대국 중국은 어떨까? 중국에서는 젊은 세대가 갈수록 감소하고 있는데, 1979년에 한 자녀 정책이 도입되기 전에 태어난 엄청나게 많은 사람들이 고령 인구의 비율을 늘리는 데 앞장서고 있다.

다른 나라들은 어떨까? 더 빠르게 고령화가 진행 중이다. 일본은 인구의 4분의 1 이상이 65세 이상이고, 세계에서 가장 고령화된 국가이다. 한국, 독일, 이탈리아, 핀란드 등 국가들도 일본과 크게 다르지 않다. 2050년에는 유럽과 북미 인구의 4분의 1이 65세 이상이 될 것이다.

이러한 트렌드는 거의 모든 국가에서 출산율이 감소하기 때문에 생긴 것이다. 즉, 저출산이 고령화의 가장 큰 요인이다. 그리고 또 다른 요인도 있다. 바로 장수다. 오늘날의 사람들은 과거의 사람들보다 훨씬 더 오래 살고 있다. 물론 이러한 장수에는 한계가 있다. 아무리 의료 기술 및 공공 보건, 삶의 질이 개선되어도 사람의 수명에는 한계가 있다. 그렇다면 오늘날 일본에서 태어난 여자 아이는 평균적으로 몇 살까지 생존할 수 있을까? 거의 100살까지 살 것으로 예상된다.

인간의 기대수명은 갈수록 늘고 있다. 우리는 부모 세대보다 더 오래 살 것이고, 그 덕에 일생 동안 더 많은 일을 하게 될 것이다. 1960년에 65세인 사람은 79세까지 살 것으로 예상되었다. 요즘은 어떨까? 거의 85세까지 살 것으로 예상하고 있다. 이미 75세라면 87세까지 살 수 있을 것이다.

그렇다면 고령화는 경제에 어떤 영향을 미치게 될까? 일반적으로 우리는 고령화가 경제 성장을 방해한다고 생각해 왔다. 고령화로 생산가능인구가 감소하고, 고령 인구를 위한 의료 및 복지 프로그램에 많은 비용이 들기 때문이다.

그러나 고령화로 인한 문제는 경제적, 기술적 요인에 따라 국가마다 다르게 나타날 것이다. 하버드대학 경제학자 니콜 마에스타스 Nicole Maestas는 1980년부터 2010년까지의 데이터를 바탕으로 60세 이상의 인구가 10% 증가하자 1인당 GDP 성장률이 5.5% 감소되었다고 추산했다. 이 추산대로라면 미국의 고령 인구는 앞으로 10년 내에 1.2%, 그 다음 10년 내에 0.6%까지 경제를 둔화시킬 수 있다.

그러나 마에스타스 교수는 실제로는 전혀 다른 결과가 나타날 수 있다고 말했다. 1980년부터 2010년까지 1인당 GDP 성장률이 감소한 것은 가장 숙련되고 경험이 많은 사람들이 대량으로 직장을 떠났기 때문이다.

MIT 경제학자 대런 애쓰모글루Daron Acemoglu에 따르면, "고령화로 인해 경제가 더 악화된다는 증거는 거의 없다." 1990년부터 2015년까지의 GDP 데이터를 살펴본 애쓰모글루는 인구 고령화가 경제 성장 둔화에 아무런 영향도 끼치지 않음을 발견했다. 사실 한국, 일본, 독일과 같은 국가들은 급격한 고령화에도 불구하고 실제로 꽤 경제를 잘 운영해 나가고 있다. 아마도 가장 큰 이유는 자동화일 것이다. 노동력이 고령화된 국가는 그에 대한 대처로 산업용 로봇을 빨리 채택했다. 애쓰모글루는 "자동화로 인한 생산성 증대가 '고령화에 따른 파멸과 침체'를 완화시킨다"고 주장했다.

지난 100년 동안 과학기술의 발달로 기대수명은 크게 늘었다. 20세기 초, 인간의 평균 수명은 50세 전후였다. 그리고 1960년에는 70세, 2010년에는 80세로 늘었다. 평균 수명이 늘어난 것은 어린이들이 건강을 유지했기 때문이다. 1900년에는 거의 4명 중 1명이 10세 이전에 사망했고, 이는 전체 평균 수명에 큰 영향을 미쳤다. 이후 심혈관 질환에 대한 치료 기술이 발전하자 대부분의 사람들이 70대까지 생존할 수 있게 되었다.

그리고 이제 평균 수명 100세 시대를 기대할 수 있게 되었다. 최근 혁신적인 노화 방지 물질들이 인간을 대상으로 시험 중이다. 현재 실험실에서 연구 중인 노화 방지 물질들은 다음과 같다.

- 면역 기능에 영향을 미치는 라파마이신과 같은 화합물
- 장수유전자 Sirtuin 으로 불리는 단백질 활성화 분자
- 당뇨병 치료제 메트포르민 Metformin 을 활용한 노화 방지 물질
- 손상되고 노화된 세포를 정화하는 세놀리틱 Senolytic

인간은 건강을 오래 유지할 수 있다면 연령에 관계없이 생산성을 높게 유지할 수 있다. 최첨단 의료 기술은 그러한 일을 가능하게

손상되고 노화된 세포를 정화하는 세놀리틱Senolytic

만들어주고 있다.

그렇지만 "사람은 나이가 들수록 진부해지고 아이디어도 줄어든다"고 반론을 펼치는 사람도 있을 것이다. 페이스북의 창업자 마크 저커버그Mark Zuckerberg는 "젊은 사람들이 더 스마트하다"고 말한 바 있다. 억만장자 벤처 캐피탈리스 비노드 코슬라Vinod Khosla는 "35세 미만의 사람들이 변화를 일으킨다. 45세 이상의 사람들은 새로운 아이디어를 발휘하지 못한다"고 말했다.

그러나 학술 연구에 따르면, 저커버그와 코슬라의 주장은 틀렸다. MIT 경제학자들과 미국 인구조사국, 노스웨스턴대학은 270만

마크 저커버그Mark Zuckerberg 는 "젊은 사람들이 더 스마트하다"고 말한 바 있다.

명의 창업자들을 대상으로 공동 연구를 실시했는데, "가장 빠르게 성장하는 스타트업은 평균 연령 45세의 창업자들에 의해 만들어졌다"는 사실을 발견했다. 이들 연구자들은 50세의 기업가가 매우 성공적인 회사를 만들 가능성이 30세보다 거의 두 배 높다는 것을 발견했다. 그리고 코슬라의 발언과 달리, 업계 경험이 풍부할수록 성공할 확률이 높았다.

영화 인턴The Intern에는 창업 1년 반 만에 220명의 직원을 거느린 회사로 키운 30세 여성 CEO 줄스와 수십 년간 직장생활을 하며 노하우를 쌓은 70세의 벤이 등장한다. 줄스는 벤을 인턴으로 채용하는데, 처음에는 벤을 무시하다가 나중에는 그의 능력을 인정하게 되었다.

나이가 들수록 생각이 고리타분해질 수도 있지만 오랜 경험에서 비롯된 지혜는 인공지능보다 뛰어난 성과를 거둘 수도 있다. 노스웨스턴대학 경제학자 벤자민 존스Benjamin Jones는 물리학과 의학 분야에서 가장 위대한 과학적 업적은 청년이 아니라 중년 세대가 발견했다고 말했다.

지금 세계는 빠르게 고령화되고 있는데, 노인이라고 해서 더 이상 천덕꾸러기 신세가 되라는 법이 없다. 건강한 몸과 정신을 오래도록 유지한다면 일터에서 오래도록 일할 수 있을 것이다. 이러한 추세를 고려해 우리는 다음과 같은 예측을 내려 본다.

첫째, 미국에서는 2023년부터 고령 일자리가 늘 것이다. 미국 제조업의 리쇼어링과 이민 제한으로 노동 인구가 부족해지므로 건강한 몸과 정신을 유지한 고령 노동자가 은퇴 후에 재취업하는 사례가 늘 것이다. 또 미국의 X세대는 1960년대 후반에 태어났는데, 이들은 현재 은퇴를 앞두고 있다. 미국에서 일자리가 늘어나면 X세대의 은퇴 시기는 늦춰질 것이다.

둘째, 고령화 시대에는 지속적으로 새로운 지식을 습득하기 위해 학습해야 할 것이다. 지금도 그렇지만 앞으로도 나이에 상관없이 새로운 기술과 지식을 습득해야 일터에서 환영받을 수 있다. 세상은 갈수록 빠르게 변하고 어제 통하는 기술이 더 이상 통하지 않기에 모든 노동자들은 연령에 상관없이 지속적으로 재교육을 받아야 할 것이다. 다행히 오늘날에는 유튜브 등을 통해 언제 어디서나 원하는 교육을 받을 수 있다. 또 증강현실은 수많은 업무에 대한 학습 곡선 learning curve (인간이 처음 어떤 작업을 수행할 때는 작업에 익숙하지 않아서 많은 시간이 필요하지만 작업을 반복할수록 숙달되어 작업시간이 줄어드는데, 이 같은 학습 효과를 수학적 모델로 표현한 것이 학습곡선이다)을 극적으로 변화시킬 것이다.

셋째, 노화 방지 물질에 대한 모든 연구는 2025년 무렵에 성과를 거둘 것이다. 현재 시험 중인 인간을 대상으로 하는 연구들이 성공한다면, 특정 질병

MIT의 노화 방지 연구자 레너드 가렌테Leonard Guarente

에 대한 치료법을 발견하고 노화 자체도 늦출 수 있을 것이다. 과학자들은 노화 방지 물질이 상용화되면 고령층이 질병에 취약해지는 것을 예방하고, 생명 연장도 할 수 있다고 생각한다. 현재 몇몇 물질이 효모, 곤충, 설치류의 수명을 극적으로 연장시킨다는 연구 결과를 얻었지만 인간을 대상으로 좋은 결과를 얻기 위해서는 좀 더 시간이 필요하다. MIT의 노화 방지 연구자 레너드 가렌테Leonard Guarente 박사는 "가장 중요한 것은 건강한 수명을 연장하는 것"이라고 말한다. 노화 방지 혁신은 분명히 다가오고 있는 미래이다. 과학기술로 노화를 방지할 수 있다면 고령 인구가 생산자와 소비자로서 국가 경제에 도움이 될 것이다.

넷째, OECD 국가에서는 인공지능 등을 이용한 자동화로 새로운 일자리가 만들어지고 노령 인구의 일자리도 늘 것이다. 증기기관이 만들어지자 마부 등의 일자리가 사라졌지만 공장 등이 늘어나면서 새로운 일자리가 늘었다. 마찬가지로 인공지능은 수많은 일자리를 새로 만들 것이다. 인공지능은 농업이나 제조업 일자리를 줄이겠지만 서비스업에서는 더 많은 일자리를 만들 것이다. 간호 서비스를 비롯해 전자상거래 등에 이르기까지 서비스업에 종사하는 고령 인구가 늘 것이다.